Gérard Porcher

I0152941

La révolution mexicaine

Les femmes, le train et l'influence
de la musique française

Éditions Dédicaces

LA RÉVOLUTION MEXICAINE,
par GÉRARD PORCHER

ÉDITIONS DÉDICACES INC.
675, rue Frédéric Chopin
Montréal (Québec) H1L 6S9
Canada

www.dedicaces.ca | www.dedicaces.info
Courriel : info@dedicaces.ca

Gérard Porcher

La révolution mexicaine

Les femmes, le train et l'influence de la musique française

Un mot sur l'auteur

L'auteur est marié avec une mexicaine de la région de Guerrero, exactement à Tecpan de Galéana, à 100 kilomètres d'Acapulco. Cela fait quelques années qu'il souhaitait écrire quelque chose sur le Mexique, mais quoi ? Le déclic vint le jour où il alla voir sa fille qui donnait un spectacle en Alsace, la présentation d'un ballet folklorique mexicain. Le spectacle était nommé « présence mexicaine », et elle faisait partie de ce ballet folklorique mexicain.

Entre chaque séance de danse, pendant la pause, un quatuor musical chantait des chansons mexicaines. Il entendit un des musicien du quatuor « EROS Ensamble », qui à chaque chanson expliquait son origine. L'auteur avait enfin trouvé la matière pour écrire « son » livre sur la révolution mexicaine. Ce groupe, qui avait axé leur musique sur la période de Porfirio Diaz avec l'influence musicale française pendant la révolution mexicaine, venait de lui donner l'envie d'écrire ce livre. L'auteur travailla d'arrache-pied, il fit des recherches sur Google, trouva des livres sur la révolution mexicaine, à la bibliothèque de la ville, il emprunta des livre sur Emiliano Zapata et Pancho Villa.

Au fil des jours, l'organisation sur la façon d'écrire le livre prit forme, surtout quand des professeurs mexicains vinrent chez lui, ils lui racontèrent beaucoup d'histoires sur la révolution.

De parler de l'influence française, du rôle des femmes et du train pendant la révolution, voilà les phases importantes qu'il a exploité. L'écriture du livre pouvait commencer.

Un grand merci aux professeures mexicaines,
Surtout Elizabeth, pour m'avoir aidé
Dans la réalisation de ce livre.

Préface

Pour pouvoir parler de quelque chose, il est nécessaire de le connaître. C'est une phrase que j'ai entendu plusieurs fois tout au long de ma vie. Sauf dans certains cas, où en effet, il y a des gens qui parlent d'une affaire sans en savoir les détails. En règle générale, les gens sont capables de parler sans crainte des sujets qu'ils connaissent.

Me voilà en face d'une situation où un homme, un habitant de Lisses, en région parisienne, marié à une femme mexicaine très sympathique. Cet homme qui écrit sur un sujet qu'il connaît, et le sujet, il le connaît bien. Sa condition d'homme de lettres fait de lui quelqu'un qui a déjà goûté les saveurs du succès, mais ce n'est pas un succès ni facile, ni gratuit ni fortuit. C'est une voix autorisée à toucher les sujets les plus variés.

Gérard Porcher a décidé de se lancer sur une période de l'histoire du Mexique dont les historiens ont parlé mille fois, sans même se mettre d'accord sur les implications disons définitives de la première révolution sociale du XXe siècle. Mais il le fait dans la simplicité nécessaire de quelqu'un qui s'intéresse à redécouvrir les profondeurs d'un mouvement qui, avec les bonnes situations et les mauvaises aussi, a bouleversé à jamais l'histoire du Mexique.

Gérard a décidé de mettre l'accent sur la vision humaine et sociale de cette période, car il est un homme convaincu de l'importance que le social et l'humain ont dans les rapports de tous les jours. Gérard a compris que les mouvements comme la Révolution Mexicaine ont une forte influence sur les comportements de la population, dans le cas, 100 ans après que tout se soit déroulé. Mais il a aussi compris que c'est une des façons dont on peut mieux comprendre l'histoire contemporaine de ce pays, et ce sont des faits qui expliquent beaucoup mieux les situations politiques, économiques et sociales du Mexique du début du XXIe siècle. Ce n'est pas un lieu commun de dire que la Révolution Mexicaine explique le Mexique d'aujourd'hui, et voilà une des valeurs des réflexions que Gérard fait tout au long de son livre. Il va d'une position complètement historique, à une position critique, car les détails de cette guerre ne lui échappent pas.

Au contraire, il décide de se plonger et de fouiller dans les décombres que les 100 ans passées ont laissés. Avec ce livre, Gérard décide d'aller en profondeur de tout ce qui entoure le mouvement. Il comprend que la personnalité de Porfirio Díaz ne s'explique pas sans reconnaître les débuts de cet homme qui sorti d'un milieu humble, est devenu l'homme le plus puissant du Mexique, mais qui a été capable de tenir son pouvoir sur les cadavres de ses opposants et, en même temps, avoir la sensibilité pour admirer et même adopter un « gusto » pour la France et tout ce qu'elle représentait pour lui à l'époque. Ce n'est pas l'histoire des bons et des méchants comme cela. Gérard a procédé avec la rigueur de l'historien expérimenté, étant donné qu'il a bien saisi l'essence sur la personnalité des personnages: Madero, homme bien intentionné, même démocrate, mais faible et pusillanime; Huerta, nommé « chacal », violent et toxico-mane; Zapata, origine d'une classe moyenne, mais radical, honnête, incorruptible; Villa, chaotique, incompréhensible, franc mais à la fin mort avec violence ; Carranza, petit bourgeois qui a accéléré la phase institutionnelle de la Révolution. Gérard a trouvé la façon de raconter cette histoire sans le noir et le blanc que les historiens officiels ont offert depuis la « consommation » de la Révolution.

En tant que mexicain, entendre parler comme cela de cette partie de l'histoire de mon pays est motivant. L'histoire officielle rédigée par les vainqueurs a lancé la propagande d'une période sacrée, glorieuse et qui est la lumière par laquelle le Mexique devra continuer à l'entrée du XXIe siècle ; le manque de critique a un mouvement qui a « gouverné » avec un parti politique pendant 71 ans, est le constat des études postérieures. Gérard Porcher ne tombe pas sur la tentation de faire de l'histoire un conte de fées, parce qu'il reconnaît clairement une des choses importantes : les protagonistes de l'histoire ce sont des êtres humains faillibles. Je connais la vie de mon pays, car 100 ans après résonnent toujours les coups de canon, comme à la bataille de Celaya, ou la prise de Ciudad Juárez (ravagée par la violence débordée d'une guerre contre la délinquance qui est délirante), Zapata chevauchant à Anenecuilco, Villa prenant un café à Durango, Cárdenas luttant à côté de López Obrador, Huerta assis à la chaise présiden-tielle, Carranza dirigeant le Parti révolutionnaire institutionnel (PRI) et la famille de Madero s'emparant du Parti d'action nationale (PAN).

La lecture de ce livre approfondit dans les détours de l'histoire, dans les chemins scabreux de la période et ajoute des éléments de jugement à ceux et celles qui désirent en savoir plus. Nous pouvons mieux comprendre cette partie de l'histoire qui a contribué à la formation du Mexique de nos jours, avec les nuances que le livre même nous présente. La lecture est obligée mais ce n'est pas une tâche désagréable, c'est un plaisir qui permet d'augmenter notre culture générale. ¡Viva la Révolución ! ¡Viva México!

Prof. Francisco Javier Dominguez Solano (Mexico)

Je remercie Francisco
Pour cet élogieux éditorial.

Première Partie

Les révolutions mexicaines

Chapitre premier
Le Mexique avant la révolution

« Le Mexique était rebelle, rebelle et résistant : c'était un peuple qui vivait sans espoir, désintéressé. Gai aussi, riant dans son indifférence... Ces merveilleux indigènes ! Ils étaient si sereins et si beaux, pourquoi adoraient-ils Moloch ? Leur acceptation de la mort, leur acceptation intrépide de rien, était-ce cela qui les rendait inflexibles et désintéressés. »

1926- David Herbert Lawrence (écrivain anglais)
Dans « le serpent à plumes[1] »

Pauvre Mexique ! Si loin de Dieu
Et si près des Etats-Unis !
P.Diaz

Avant de parler de la révolution mexicaine du 20 Novembre 1910 qui aura duré près de trente ans, faisons un petit tour sur l'histoire mexicaine avant la révolution et découvrons les origines du Mexique, cela permettra de mieux comprendre la suite des évènements.

Vous verrez que le Mexique est passé par des moments d'atrocités, de luttes intestines, de guerre fratricide et de situation délétère entre les hommes politiques. En n'oubliant pas, l'omniprésence des américains, les envahisseurs tels que Cortez ainsi que la période Napoléonienne.

Mais d'abord parlons de l'origine du Mexique, vaste pays aux mille couleurs et aux mille facettes.

---

[1] Serpent à plumes = Le dieu terrifiant Quetzalcoatl

L'origine du nom de la capitale, Mecitl, Mexicac et enfin Mexico

Le Mexique, officiellement les États-Unis Mexicains, est une république constitutionnelle fédérale d'Amérique du Nord à régime présidentiel située au sud des États-Unis, dont il est en partie séparé par le Río Grandé, et bordé au sud par le Guatemala et le Belize. Avec selon le recensement de 2010, 112 336 538 habitants, dont plus de 20 millions dans l'aire urbaine de sa capitale, Mexico. Le Mexique est le plus peuplé des pays d'expression espagnole. Il est le troisième par la taille et le deuxième par sa population en Amérique latine. En 2009, il est la puissance économique mondiale avec un Produit intérieur brut de 1 482 milliards de Dollars américain.

Avant l'indépendance de la vice-royauté de la Nouvelle-Espagne, il fut décidé que le pays prendrait le nom de sa capitale, En réalité, le nom de la ville était Mexico-Tenochtitlan, en référence à la tribu aztèque nahua, les Mexicas.

L'origine du nom de la tribu lui-même est assez obscure. Le jésuite et historien Francisco Javier Clavijero soutient dans ses écrits que son nom dérive du mot nahuatl Mexitl ou Mexitli, un nom secret du dieu de la guerre, divinité tutélaire des Mexicains Huitzilopochtli. Selon cette théorie, « Mexico » signifie « lieu où vit Mēxitli ou Mēxtli » ou « lieu où est construit le temple de Mexitli », en référence au Temple Mayor.

Cette thèse était aussi partagée par Juan de Torquemada, toutefois Torquemada ajoute que Mexitli viendrait des mots metl « agave » etxictli « nombril », et les premiers habitants s'appelèrent les Mexicatl. Selon cette version, cela signifierait « gens de Mexitli » ou traduit mot pour mot « lieu dans le nombril d'agave », cette interprétation est aussi soutenue par le franciscain Motolinia. D'autres historiens, comme Bernardino de Sahagún, José de Acosta et Diego Durán, avancent dans leurs travaux que « Mexico » vient de Mecitl ou Mexi, qui était le nom d'un chef et prêtre qui guida les premiers pèlerins, ces derniers

14

étant appelés Mexicas, et par conséquent, ce mot signifierait « peuple de Mexi ». Mexi est parfois aussi appelé Mexitl, mais ne doit pas être confondu avec le dieu Mexitli.

Et enfin, le nom de la ville
fut translittéré en espagnol : Mexico.

Aztèque ? Ou métèque !...

Le Mexique était une terre de volcans, un climat désertique au Nord et tropical humide au Sud, mais aussi tempéré en altitude. Sur les hauts plateaux du Centre trônait Mexico, ville située à 2260 m d'altitude. De là-haut, les aztèques dominaient la vallée, cette vallée qu'ils avaient découvert s'appelait Chicomoztoc signifiant littéralement « à l'endroit des sept grottes ». Ce lieu légendaire regroupe dans son antre les sept tribus Nahuas qui peuplèrent le plateau central du Mexique : les Acoluas, les Chalcas, les Chinampanécas, les Colhuas, les Tépanécas, les Tlahuicas et les Tlatépotzcas. A partir de là, les aztèques qui s'étaient longtemps confondus avec les autres tribus nahuas, affirmèrent leur identité tribale, ils quittèrent la vallée et poursuivirent leur chemin. Cette migration a été dictée par Huitzilopochtli qui veut dire « colibri de gauche », il était à la fois, homme, dieu et sorcier. Il était doté du pouvoir de se métamorphoser en aigle ou en colibri et doué de parole, il ordonna aux aztèques de partir à la conquête du hmonde, leur route les mena au bord du lac de Texcoco au milieu duquel siégeait une île couverte de rochers et de nopals.

Sur un des figuiers de Barbarie, un aigle royale dévorait une couleuvre, c'était le signe attendu depuis cinq cents ans par lequel le dieu des aztèques leur signifiait qu'ils pouvaient s'arrêter et construire leur ville. L'aigle et la couleuvre figure encore sur le drapeau mexicain.

Tenochtitlan
Où la naissance de la ville de Mexico.

Lorsque, en 1517, les premiers conquistadores espagnols accostèrent à la pointe du Yucatan, ils ne se doutaient pas de ce qu'ils allaient découvrir. Au sein du prétendu "nouveau monde" dont Christophe Colomb venait à peine d'explorer les côtes, de brillantes civilisations régnaient, dont les plus anciennes remontaient à vingt-cinq siècles ou davantage.

L'aigle sur un cactus

L'aigle juché sur un cactus, dévorant un serpent : les armes de l'actuelle République Mexicaine ne sont que la fidèle reproduction du glyphe qui désignait la cité aztèque. On retrouve ailleurs l'aigle et le cactus, mais sans serpent, avec la légende « Tenochtitlan » l'actuelle Mexico (le lieu du figuier de barbarie au fruit dur). En réalité, il s'agit là, toujours, d'un tableau qui évoque l'origine de la ville, origine à la fois merveilleuse et très humble.

Un des récits traditionnels raconte comment les vieillards découvrirent d'abord « au milieu des joncs, au milieu des roseaux », un certain nombre de plantes ou d'animaux que le dieu Uitzilopochtli leur avait annoncés. La nuit suivante, le dieu appela le prêtre Quauhcoalt (serpente aigle) et lui dit : « Tu as vu tout ce qu'il y a là-bas parmi les roseaux, et tu t'en es émerveillé. Mais écoute : il y a encore autre chose que tu n'as pas vu.

Va donc tout de suite découvrir le cactus tenochtli sur lequel sera posé un aigle…C'est là que sera notre cité Mexico-Tenochtitlan, là où l'aigle pousse son cri, ouvre les ailes et mange, là où nage le poisson, là où le serpent est dévoré ; Mexico-Teneochtitlan, et il s'y fera beaucoup de chose ! »

Quauhcoalt réunit aussitôt les mexicains
et leur rapporta les paroles de dieu

Ils pénétrèrent alors à la suite dans les marécages, au milieu des plantes aquatiques et des joncs, et soudain, au bord d'une caverne, ils virent l'aigle dressé sur un cactus. Et le dieu les appela et leur dit : « Mexicains, c'est ici ! » Cela se passait en l'année 1325 de notre ère.

Il y a tout lieu de croire que l'apparition de l'aigle et du serpent se manifesta à Quauhcoalt et à ses compagnons sur l'emplacement même où fut bâti au XV siècle le temple d'Uitzilopochtli, (oiseau guerrier), c'est à dire légèrement au nord-est de la cathédrale actuelle et à trois cents mètres environ de la grande place appelée aujourd'hui ZÓCALO.

Ce centre originel de Mexico reposait sur un sol ferme, rocailleux. Il s'agissait en somme d'une île au milieu des marais, dans une large baie de la lagune.

A l'ouest s'étendait le grand lac salé Texcoco ; Au sud les eaux douces des lacs Xochimilco et Chalco .

Il faut imaginer ce que dut être le labeur écrasant des premières générations mexicaines pour aménager à leur usage ce complexe de petites îles, et bancs de sable et de boue, de marécages plus ou moins profonds. Les aztèques durent créer du sol en accumulant de la vase sur des radeaux de jonc, creuser des canaux, remblayer des quais, bâtir des chaussées et des ponts. A mesure que la population augmentait, les problèmes d'urbanisme devenaient de plus en plus difficiles à résoudre.

Qu'une grande ville ait pu surgir et grandir dans de telles conditions, par l'effort d'un peuple sans terre est un véritable miracle de l'ingéniosité, de l'opiniâtreté de ces hommes. Quel chemin parcouru du misérable hameau de paillotes dans les roseaux, à la resplendissante métropole du XVI siècle.

A l'époque de la conquête espagnole, en 1519, la ville de Mexico englobait à la fois Tenochtitlan et Tlatelolco, elle présentait, la forme d'un carré de 3 Km de côté, couvrant une superficie d'un millier d'hectares. (On peut rappeler à ce propos que Rome, à l'intérieur de l'enceinte d'Aurélien, couvrait 1 386 hectares.)

On peut également admettre que Tenochtitlan-Talelolco comportait de 80 000 à 1OO OOO foyers de sept personnes, soit une population totale de 560 000 à 700 000 âmes.

Tous les témoins oculaires, les conquistadores, sont unanimes à exprimer leur émerveillement devant la splendeur de la ville.

Le 12 novembre 1519, Cortés et ses capitaines allèrent avec l'empereur Moctezuma au sommet du Teocalli, haut de cent quatorze degrés. « On était si haut que l'on dominait tout parfaitement. » écrit Diaz DEL Castillo.

« Les rues principales, écrit Cortés, sont très larges et très droites ; quelques-unes de celles-ci, et toutes les autres, sont à moitié en terre, et l'autre moitié est un canal par lequel les Indiens circulent dans leurs bateaux. »

C'était une cité lacustre dans toute son étendue et jusqu'à son centre, on pouvait entrer en bateau jusque dans le palais de Moctezuma.

Mexico communiquait avec la côte par 3 chaussées surélevées. Celle du nord partait de Tlatelolco. Celle de l'ouest reliait Tenochtitlan à la cité satellite de Tlacopan. Et la troisième au sud, se divisait en deux branches : l'une piquant vers le sud-ouest, l'autre se dirigeant à l'est.

Une question se pose, celle de l'hygiène.

Il n'y avait pas plus de «tout-à-l'égout» à Tenochtitlan qu'à Rome sous les Césars ou qu'à Paris sous Louis XIV. Les eaux usées se déversaient donc dans les canaux et dans la lagune ; heureusement celle-ci était assez agitée de courants pour assurer un certain écoulement.

Un millier de personnes étaient employées chaque jour au nettoyage des voies publiques, qu'elles lavaient et balayaient avec tant de soin qu'un homme, pouvait y marcher sans craindre pour ses pieds, raconte un témoin.

L'admiration des espagnols, pour l'organisation parfaite de cette cité impériale, sa grandeur et ses richesses, les marqua à jamais. Selon Jacques Soustelle, et d'après Bernal Diaz Del Castillo, le précieux chroniqueur de l'Histoire véridique de la conquête de la Nouvelle-Espagne : « les espagnols subirent le choc de choses jamais vue, ni même jamais rêvées ».

Cette mégalopole abrite aujourd'hui avec ses faubourgs quelque 22 millions d'habitants, avec une superficie qui représente 7 fois la ville de Paris. C'est pourtant une très belle ville, un peu abîmée par les trouées sauvages de ses interminables avenues modernes, mais que chaque époque a su marquer de sa noblesse et de son charme, les quartiers résidentiels comme Las Lomas, el Pedregal, autour de Chapultepec -le bois de Boulogne local- comptent même parmi les plus raffinés du monde.

A l'origine, Mexico ou Tenochtitlan était bâtie sur pilotis aux dessus des eaux limoneuses du lac de Texcoco, noms des trois citées formant la ville, Tenochtitlan, Texcoco et Tlacopan.

« Les imposantes pyramides de Teotihuacan, la maison de
Quetzalcoatl enveloppé dans les anneaux du serpent parmi les
serpents, avec ses énormes crocs encore blancs et immaculés
comme à l'époque reculée où ses créateurs étaient vivants. Il
n'était pas mort, comme les églises espagnoles étaient mortes ce
dragon de l'horreur à la source de tout.

DAVID HERBERT LAWRENCE

1. La culture agricole : la vallée de Teotihuacan

Teotihuacan devient la ville la plus importante de
la vallée de Mexico. Durant le Classique ancien, l'influence
de Teotihuacan se fait sentir dans toute la Mésoamérique,
appuyée par son pouvoir politique et commercial. Elle avait
d'importants alliés, comme Monte Alban dans les vallées
centrales d'Oaxaca. La civilisation mésoaméricaine s'étend
plus au nord dans des sites comme La Quemada. Des
influences culturelles arrivent du nord visibles dans la culture
huastèque. La période classique est également l'époque de
consolidation de la civilisation maya dans la péninsule du
Yucatán et des hautes terres du Chiapas. D'un autre côté, dans
les vallées et les montagnes du nord de la Sierra Madre
occidentale se développe la culture Paquimé, résultat de la
consolidation de l'agriculture dans le nord-est et l'échange
entre la Mésoamérique et l'Oasis Amérique.

Entre les Xe et XIIe siècles, le centre du Mexique est
dominé par Tula, la capitale des Toltèques. La ville a établi des
liens très forts avec plusieurs régions de Mésoamérique, mais
particulièrement avec la péninsule du Yucatán, où se trouve la
ville maya de Chichen Itza. A Oaxaca, au même moment,
les Mixtèques commencent un processus expansionniste qui les
mène à occuper les vallées centrales où vivaient les Zapotèques.
En 1325, les Mexicas fondent Mexico-Tenochtitlan, la capitale
de l'État le plus vaste qu'a connu la Mésoamérique, qui rivalisait
seul avec les Tarasques de Tzintzuntzan.

2. Cortez et la Nouvelle-Espagne

En 1519, les conquistadors, alliés à de nombreuses tribus ennemies des aztèques dont les Tlaxcaltèques et conduits par Hernán Cortés, se lancent à la conquête de l'Empire aztèque. Grâce à la qualité de leurs armes et de leur façon de combattre, ainsi que de la supériorité numérique de leurs alliés indigènes, l'empire aztèque tombe. Le 13 août 1521, la fin du siège de Tenochtitlan voit la victoire des Espagnols et la fin de l'empire aztèque.

Cortés se lance alors dans la conquête d'un vaste empire colonial appelé la Nouvelle-Espagne. Le territoire s'étendra jusqu'à une importante partie du sud des actuels États-Unis (notamment la Californie, l'Arizona, le Nouveau-Mexique et le Texas). Les principales villes mexicaines sont alors créées Mexico sur les ruines de Tenochtitlán, Guadalajara, Puebla et Monterrey.

Après la colonisation espagnole, des missionnaires arrivent dans le pays pour évangéliser la population qui avait survécu à la conquête. Parmi ces évangélisateurs, Bartolomé de las Casas se distingue par son désir de protéger la population indigène. Dès 1535, l'administration de la Nouvelle-Espagne est confiée à un vice-roi. Le premier sera Antonio de Mendoza, nommé par Charles Quint.

3. Une nation latine, hispanique, catholique et métisse

Les trois siècles de domination espagnole (1521 - 1821) coïncident avec la création du Mexique en tant que nation latine, hispanique, catholique et métisse telle que nous le connaissons aujourd'hui. L'architecture, la gastronomie, les fêtes mexicaines, et la structure familiale sont encore aujourd'hui largement influencées par ces trois siècles de domination espagnole.

Malgré les très nombreuses destructions résultant de la colonisation du Mexique, une forme d'art colonial s'est développé à partir du XVIᵉ siècle, et ce pour plusieurs raisons : contexte humaniste européen et développement des cabinets de curiosités, propagande religieuse, développement d'une élite métisse, explosion d'un commerce intercontinental, etc. Ce phénomène a en outre permis la conservation et la diffusion de nombreuses techniques précolombiennes uniques au monde, comme l'art de la laque mexicaine (technique de collage très différent de la laque asiatique), du papier d'amate ou celui de la mosaïque de plumes, d'une extraordinaire virtuosité au vu des moyens à la disposition des artisans précolombiens. De ces très nombreux ouvrages envoyés en Europe pour la délectation des princes et collectionneurs, très peu sont parvenus jusqu'à nous. Quatre tableaux de mosaïques de plumes sont aujourd'hui conservés en France, dont deux datant du XVIᵉ siècle : Le Triptyque de la crucifixion, conservé au Musée National de la Renaissance à Ecouen (Val d'Oise), et la Messe de Saint-Grégoire, conservée au Musée des Jacobins d'Auch (Gers).

4. L'origine de « Viva México » et la guerre des pâtissiers

Le 15 septembre 1810, depuis ce qui est aujourd'hui la ville de Dolores Hidalgo, dans l'État de Guanajuato, un créole, le curé Miguel Hidalgo, aujourd'hui héros national, se lève, au cri de « Vive le Mexique, vive la Vierge de Guadalupe, vive Ferdinand VII, à bas le mauvais gouvernement ! » (C'est-à-dire celui de Joseph Bonaparte, au pouvoir depuis l'invasion de l'Espagne par les Français).

Pour la petite histoire, le président Diaz aimait fêter cet anniversaire et pour cause, c'était son anniversaire.

C'est une armée hétéroclite et indisciplinée de villageois et d'indigènes qui se batte pour le rétablissement de Ferdinand VII et lutte contre les juntes espagnoles au service des Français. Il commence avec succès, mais échoue au Mont de las Crucés, dans sa tentative de prendre Mexico, Ferdinand VII sera exécuté en 1811. Le mouvement est lancé et d'autres prennent la relève. Les créoles (Espagnols nés au Mexique, sans grand pouvoir politique et économique), sont à la tête des métis et indigènes qui forment le gros des troupes contre les Gachupines (littéralement « porteurs d'éperons »), des Espagnols nés dans la métropole, détenteurs du pouvoir politique et économique et auxquels étaient réservées les fonctions lucratives. Le premier acte d'indépendance a été signé le 6 novembre 1813. Il a été intitulé « Acte solennel de la déclaration d'indépendance de l'Amérique septentrionale ». L'Acte d'indépendance du Mexique sera finalement signé le 28 septembre 1821.

Parmi les éléments déclencheurs du mouvement indépendantiste, la conquête et l'occupation française de l'Espagne, au début du XIXe siècle, par les troupes de Napoléon et l'avènement des idées libérales en Espagne tiennent un rôle important. Avec l'indépendance, les créoles purent devenir les maîtres du pays en accédant à toutes les fonctions auparavant réservées aux Espagnols. Le 4 octobre 1824, le Mexique se dote d'une Constitution, la République est née.

Durant l'automne 1835, les colons américains du Texas (85 % de la population) se révoltent contre l'autorité mexicaine (siège de Fort-Alamo) et proclament, en mars 1836, la « République du Texas ». Le Guatemala et l'éphémère République du Yucatán font sécession. Cette dernière réintégrera de force le Mexique après deux tentatives.

Vint ensuite ce que l'on appelle l'ère de Santa Anna. Santa Anna fut onze fois président entre 1833 et 1855.

Le gouvernement mexicain, à cours de ressources, tenta d'éluder les paiements, reconnaissant cependant une part de responsabilité. Entre autres victime de ces désordres un commerçant français de Tacubaya, pâtissier de son état : des militaires ivres occasionnèrent des dégâts dans son restaurant. Le gouvernement de Louis-Philippe 1er réclama la somme de 600 000 pesos (équivalant à l'époque à 3 millions de francs or) en réparation de l'ensemble des pertes subies par ses sujets. En 1838, une flotte française arriva au large de Veracruz. Les Français bombardèrent la ville de San Juan de Ulua.

Les Français obtinrent des garanties quant au paiement de cette somme et se retirèrent après onze mois de blocus du port de Veracruz. Ce qui occasionna une perte pour le trésor mexicain, calculée par le Journal des mexicain, calculée par le Journal des Débats, de 2 200 000 pesos soit 11 millions de francs or.

5. Guerre Américano-mexicaine

En 1836, le Texas proclame son indépendance du Mexique. Il sera annexé plus tard par les États-Unis. En 1846, le Mexique revendique le territoire compris entre le rio Bravo et le rio Nuécés. En effet, la limite de la province texane était le rio Nuécés situé à 300 km au nord du rio Bravo. Dès lors la guerre éclate entre le Mexique et les États-Unis et durera de 1846 à 1848.

Les troupes américaines envahissent le pays et l'occupent de 1847 à 1848. Après la bataille de Chapultepec, le 14 septembre 1847, les troupes américaines hissent le drapeau américain sur le Palais National : la ville de Mexico est occupée. Sous le contrôle de Winfield Scott, ses troupes exécutent de nombreux soldats d'origine irlandaise du bataillon Saint Patrick, déserteurs de l'US Army, qui collaboraient avec la résistance mexicaine face à l'occupant.

La guerre se termine par la signature en 1848 du traité de Guadeloupe Hidalgo par lequel le Mexique reconnaît le rio Bravo comme sa frontière avec le Texas. De plus, le Mexique cède plus de 40 % de son territoire aux États-Unis, soit près de

2 000 000 de km^2. Les États de Californie, Nouveau-Mexique, Arizona, Nevada, Utah, la majeure partie du Colorado et le sud-ouest du Wyoming représentent les territoires que les États-Unis ont annexés suite à la guerre américano-mexicaine. En 1857, est promulguée la constitution qui règle les institutions politiques mexicaines jusqu'en 1917.

6. Les français au Mexique.

En 1861, le gouvernement de Juárez décide la suspension du paiement de sa dette extérieure. La France, l'un des créanciers du Mexique, invoque le motif des dettes pour y intervenir militairement avec l'appui de l'ancienne puissance coloniale l'Espagne et de l'Angleterre. Profitant de la guerre civile qui déchire et absorbe les ressources du voisin du Nord, Napoléon III, avec la bénédiction du pape, pensait établir au Mexique un empire « latin » et catholique qui contrebalancerait le pouvoir grandissant des Américains. Des forces maritimes de ces trois pays débarquent à Veracruz en 1862. Le gouvernement mexicain après des négociations arrive à obtenir des Anglais et des Espagnols leur retrait (Convention de la Soledad). La France continue donc seule cette expédition visant à établir un empire catholique et ami au Mexique.

Hormis la première bataille de Puebla, gagnée par les forces mexicaines sous le commandement d'Ignacio Zaragoza, la campagne militaire française est un succès. La Légion étrangère s'y illustra lors du combat du 30 avril 1863 non loin du Cerro del Chiquihuite, à Camarón, rebaptisée plus tard Villa Tejeda (dite Camarone en français). Devant l'avancée des forces ennemies, le gouvernement de Juárez est contraint de s'éloigner à San Luis Potosí le 31 mai 1863 puis finalement à Paso del Norte (devenue depuis Ciudad Juárez) près de la frontière avec les États-Unis. En juin 1863, Mexico tombe sous le contrôle des forces de Napoléon III. Le 10 juillet, une Assemblée des Notables à Mexico nomme Maximilien d'Autriche, empereur. Il était un des frères de François-Joseph, empereur d'Autriche. Prince bien intentionné, il déçut souvent les conservateurs par ses idées modernes et libérales, allant jusqu'à demander à Juarez de gouverner avec lui, mais ce Habsbourg imbu d'étiquette commit des maladresses irréparables qui hâtèrent sa chute. Le pays resta peu sûr pour l'envahisseur, une guérilla féroce ne lui laissa aucun repos et épuisa ses forces et son moral, d'autre part les bandits pullulèrent, ce qui ne fit qu'aggraver la situation.

Dès la fin de la guerre de sécession en 1865, Juarez trouve auprès des États-Unis, en échange de promesses de concessions sur le territoire mexicain (isthme de Tehuantepec), un soutien en armes et en hommes, ainsi que diplomatique (doctrine de Monroe). Ce nouvel appui, les succès militaires des républicains, et surtout les menaces de guerre en Europe, forcèrent les troupes françaises à se retirer. L'intervention au Mexique fut un grand échec pour Napoléon III. Le second empire mexicain durera jusqu'en 1867. L'empereur Maximilien est exécuté à Santiago de Querétaro. Durant toute cette période, Benito Juarez n'abandonna jamais le territoire national et continua d'exercer sa fonction de président de la République.

Chapitre deux
La révolution

Les prémices d'une révolte se profilent à l'horizon

Le Mexique avait beaucoup de problèmes à cause de la hausse des prix des biens de consommation courante et la forte diminution des salaires réels, cela rendaient furieux la population mexicaine qui était au bout du rouleau. Les lois de colonisation et celles dite "des terres incultes" (à la suite des lois de Réforme promulguées par Benito Juarez et de la Constitution de 1857) qui confisquèrent les propriétés et les terres de l'Église puis ensuite vendues aux spéculateurs et grands propriétaires terriens au profit de l'État mexicain, ce qui ruina les petits propriétaires et, en ne reconnaissant pas les propriétés collectives des villages, furent peu à peu absorbées par les grandes haciendas.

Puis l'effondrement du cours de l'argent métal qui était de 1 à 16, par rapport à l'or avant 1870 était de 1 à 39 en 1904, ce qui fit perdre plus de la moitié du pouvoir d'achat aux salariés payés en pesos argent.

Sans compter la panique bancaires de 1907 aux Etats-Unis qui contribua les mexicains à se révolter et à se battre.

Les Frères Flores Magon, surtout Ricardo, ainsi que leur Parti libéral mexicain (PLM), dont ils figurent parmi les fondateurs. Ricardo créa le 7 août 1900 avec son frère à Mexico, le journal anti-porfiriste et porte-parole du PLM, « Régénération ». Se déclarant anarchiste, il fut le plus important précurseur de la révolution.

Le 2 avril 1903, ont lieu à Puebla des manifestations commémorant la victoire sur les Français. Les libéraux y participent et sortent des pancartes reprenant le slogan de Porfirio Diaz à ses débuts : « Suffrage effectif - Pas de réélection ». Cela dégénère en manifestation contre le gouvernement. En ce qui concerne le PLM, il publie son «manifeste-programme» le 1er juillet 1906, à savoir :

1. Dans les écoles primaires, le travail manuel devra être obligatoire.
2. Les maîtres de l'enseignement primaire devront être mieux payés.
3. Les ejidos et des terres en friches seront restituées aux paysans.
4. Fondation d'une banque agricole.
5. Les étrangers ne pourront acquérir des biens immobiliers, sauf s'ils acquièrent la nationalité mexicaine.
6. La journée de travail sera de huit heures et le travail des jeunes enfants sera interdit.
7. Un salaire minimum devra être fixé, tant à la ville qu'à la campagne.
8. Le repos dominical sera considéré comme obligatoire.
9. Les magasins de vente (Tiendas de raya) seront abolis sur tout le territoire.
10. Il devra être accordé des pensions de retraite et des indemnités pour les accidents de travail.
11. Une loi devra être édictée pour garantir les droits des travailleurs.
12. La race indigène devra être protégée.

Vaste programme qui a le mérite d'être très populaire.

Autre problème au sein de la majorité des membres du gouvernement qui dépasse largement les 60 ans, et la rupture est marquant entre la jeunesse de la population et l'âge de l'équipe gouvernementale. De plus, Porfirio Diaz avait démilitarisé le pays, il ne restait que dix-huit mille soldats avec des généraux de plus de 70 ans, pour dix millions d'habitants. Alors que les diplômés se multiplient, les débouchés sont de moins en moins présents. Les petits fonctionnaires mécontents mettent leurs espoirs dans une révolution.

Avant la révolution, plusieurs évènements ont également montré la volonté de changement. Notamment avec le général Bernardo Reyes qui était l'unique espoir des mécontents mais aussi des ambitieux qui cherchaient une place au gouvernement en 1908. Porfirio Diaz lança contre lui les *Cientificos* et l'envoya en Europe pour une mission. La vice-présidence reviendra donc à Corral, déjà à ce poste depuis 1904. Un des évènements les plus connus fut « l'affaire Creelman ». En 1908, il reçut l'autorisation de Porfirio Diaz, de l'interviewer et fut envoyé par le mensuel américain Pearson's Magazine. Dans cette interview, ce dernier prétendait envisager la naissance d'un parti d'opposition et de ne pas se présenter pour les élections de 1910. Cette interview contribua à agiter les esprits et notamment celui d'un propriétaire foncier venant de l'État de Morelos, Emiliano Zapata. Les divers partis politiques de cette époque sont :

1. Le parti réélectioniste.
2. Le parti reyiste (partisan du général Reyes comme vice-président).
3. Le parti national porfiriste, tous en faveur de Porfirio Diaz.
4. Le parti antiréélectioniste fondé par Francisco I. Madero.

Et le parti national démocratique, seul parti à osciller entre le pouvoir et l'opposition.

En janvier 1907, les grèves dans l'industrie textile dans les États de Veracruz, de Tlaxcala et de Puebla se terminent par les massacres de Rio Blanco, à Veracruz, qui fit près de 200 morts. Dès 1908, des soulèvements eurent lieu, principalement dans les États de Sinaloa, Yucatán, Coahuila, l'état où se souleva à Viesca le 24 juin 1908 avec Benito Ibarra, et Chihuahua qui fut le fait des frères Florès Magon, José Inès Salazar, Praxedis Guerrero, et Francisco Manrique. Ces révoltes en armes obéissaient directement au manifeste de Chihuahua dans le Missouri (État) et aux plans du parti Libéral.

Madéro et le plan de San Luis Potosi

En décembre 1908, un livre intitulé : « *La sucesión présidencial en 1910* » paraît avec comme sous-titre : « El Partido Nacional Democratico ». L'auteur de ce livre est Francisco I. Madero. L'idée centrale de ce livre est la non-réélection du président et le Suffrage universel. C'est « l'affaire Creelman » qui l'encouragea à publier son livre. Le 22 mai 1909, Francisco Madéro fonde le Parti Anti-réélectionniste à Mexico. Le 15 avril, l'Assemblée nationale anti-réélectionniste se réunit et élit le candidat à la présidence, Francisco I. Madero et à la vice-présidence, Francisco Vasquez Gomez.

Dix jours plus tard, leur programme sort avec le slogan « Pas de réélection, Suffrage universel ». Madéro se lance alors dans une grande campagne contre Porfirio Díaz. Malgré sa petite taille, sa voix suraiguë et ses tics nerveux, il récolta un réel succès. Le gouvernement à la suite de cela, réprime cette campagne en l'accusant de monter l'opinion publique contre le président en place et l'arrête à Monterrey dans la soirée du 16 juin 1910, quelques jours avant le vote. Francisco I. Madero est détenu à San Luis Potosí. Le résultat des élections du 26 juin donne la victoire à Porfirio Díaz et Corral à la vice-présidence. S'en suivirent des fêtes somptueuses pour fêter l'indépendance et le quatre-vingtième anniversaire du président.

Après 45 jours de détention, Francisco I. Madero est libéré sous caution et assigné à une résidence surveillée. Mais durant la nuit du 5 au 6 octobre, il s'enfuit à San Antonio, au Texas, où il rejoint ses partisans. Là-bas, il rédige le Plan de San Luis Potosí, daté pourtant du 5 octobre. Dans ce Plan de San Luis Potosí, Francisco I. Madero proclame la nullité des élections, la non-réélection et sa présidence provisoire. Ce plan devient vite le programme de la révolution. Il fixe la date de l'insurrection au 20 novembre. Dans son plan, Francisco I. Madero fait des promesses concernent la restitution des terres collectives appartenant aux villages du Morelos. Ce sont ces promesses qui, selon Silva Herzog, vont décider Emiliano Zapata à s'engager dans la révolution.

En 1910, le Président Porfirio Díaz est au pouvoir depuis 1876, c'est un dictateur mais le pays semble s'être accommodé de ce vieil homme, issu d'un milieu humble, sans grande envergure. Il a pourtant su s'entourer de responsables compétents, *«les cientificos»*, et le pays s'est peu à peu modernisé, suivant de loin son puissant rival américain. Les capitaux affluent d'Europe et le pays se dote du chemin de fer...

L'immense Mexique peut enfin être mis en valeur. Les terres sont peu à peu mises en culture par le système des « haciendas », héritée du modèle espagnol. Mais, malgré l'Indépendance prononcée depuis plus de 80 ans et la volonté affichée depuis de répartir les terres et les richesses, comme sous la présidence de Juárez , le pays s'est peu à peu enfoncé dans un système féodal, le rendant quasi-esclavagiste pour la majorité des paysans, les « péones », et surtout les Indiens.

La classe laborieuse reste silencieuse : ils sont neuf millions... Zapata connaît bien ces paysans et leur misère. En 1908, il s'était engagé dans l'armée et était devenu l'ordonnance-palefrenier du chef d'état-major. L'armée le déçoit et son incurie est connue de tous. En 1909, il se retrouve à la tête du « Comité de Défense des Terres » dans l'Etat du Morelos. Avec 72 compagnons il constitue une véritable milice qui prend rapidement la tête de la rébellion du sud. Il a 30 ans en 1910 et il a trouvé son idéal.

Homme étrange et intègre, doté d'un « regard mystique », il sera le défenseur de ces paysans qui ne demandent que le droit de travailler et de pouvoir vivre décemment. Mais, dans le fond, c'est le problème de la terre et de son partage qui est la cause principale des évènements qui vont suivre.

Arrestations massives de Madéristes

Le 13 novembre, par crainte de révoltes, les autorités mexicaines procédèrent à des vagues d'arrestations de madéristes à Mexico. Cinq jours plus tard, la police encercle la maison d'Aquiles Serdán. A l'intérieur, ils trouvent un important dépôt d'armes et de munitions qui devait servir à préparer la révolution. Après une vaine résistance de plusieurs heures, ses amis et Serdan sont tués.

Sa mort semble marquer l'arrêt de la révolution, mais, à la date prévue le 20 novembre, Pascual Orozco prend les armes avec un groupe de mineurs, tandis que Francisco Villa, un ancien voleur de bétail et chef de bandits, se joint à Madero (contre la promesse de l'oubli de ses fautes et un grade de colonel) près de la ville de Chihuahua. Francisco I. Madero, désespéré, apprit cette nouvelle alors qu'il s'apprêtait à partir pour l'Europe. La révolte est timide et reste néanmoins sporadique.

En février 1911, Francisco I. Madero rentre au Mexique et le mois suivant, Emiliano Zapata se soulève pour soutenir les promesses de restitution des terres communales confisquées par les propriétaires terriens du Morelos. Le 8 mai, les chefs militaires madéristes, dont Pascual Orozco et Francisco Villa, concentrent leurs troupes et marchent sur Ciudad Juarez.

Le 10 mai, après trois jours de combat, Ciudad Juarez tombe aux mains des madéristes. C'est une victoire purement symbolique car cette ville n'est qu'une petite bourgade au Nord, non loin de la frontière et à des milliers de kilomètres de la capitale. C'est avant tout une défaite morale. Selon Jean Meyer, auteur de plusieurs ouvrages sur la révolution mexicaine, la décision de Porfirio Díaz était déjà prise. En effet, selon lui, Porfirio Díaz avait peur de l'intervention des États-Unis qui avait apporté leur soutien à Francisco I. Madero.

Le 21 mai, un accord est signé entre les madéristes et les fédéraux dans l'Hôtel des Douanes de Ciudad Juarez. Cet accord, qui met fin aux combats, prévoit la démission de Porfirio Díaz et la constitution d'un gouvernement provisoire.

Quatre jours plus tard, Porfirio Díaz et Corral démissionnent. Le 27 mai, l'ex-président Porfirio Diaz embarque à bord de l'Ipiranga de Veracruz. Le président déchu, après 36 années de pouvoir, s'en va en exil en direction de Paris. Diaz voulait en quittant le pays lui éviter une guerre civile ainsi que l'intervention militaire des Etats-Unis, favorables à Madero.

Après le départ de Diaz

Entre-temps, un cabinet provisoire est formé et Francisco León de la Barra assure la présidence par intérim, du 26 mai au 6 novembre, afin de convoquer des élections. Après une marche triomphale, Francisco I. Madero arrive le 7 juin à Mexico. L'ambassadeur américain Harry Lane Wilson, ayant joué un grand rôle dans la chute de Porfirio Díaz, écrivit à son arrivée : « La révolution n'est pas terminée, Francisco I. Madero tombera bientôt. ». Le 9 juillet, Madéro décide de dissoudre le Parti Anti-Réélectionniste et de créer le Parti Constitutionnel Progressiste. A cette occasion, l'assemblée de ce parti décide de désigner Francisco I. Madero comme candidat à la présidence et Pino Suárez à la vice-présidence, en remplaçant Francisco Vásquez Gomez. En attendant les élections, le gouvernement provisoire est dirigé par Francisco León de la Barra, ancien gouverneur de l'État de Mexico.

La présidence éphémère de Madéro

Le 6 novembre, il est élu avec 90% des voix, tandis que Pino Suárez récolta les deux tiers des voix, le reste allant à De la Barra, le candidat du parti Catholique. Fin novembre, Emiliano Zapata est très déçu par la lenteur du gouvernement madériste à rendre les terres communales, accaparées par les propriétaires terriens aux villageois, il se soulève en proposant son Plan de Ayala.

Mais Madero ne l'entend pas ainsi et envoie le général Victoriano Huerta dans l'État de Morelos, afin de réprimer les partisans de Zapata. En décembre, le général Reyes se révolte ainsi que Pascual Orozco en janvier 1912. De fait, la présidence de Francisco I. Madero tourne court, pour plusieurs raisons : La classe moyenne au pouvoir était presque ignorante au point de vue politique, tandis que les porfiristes essayaient de les contrôler. On a également reproché à Francisco I. Madero d'avoir été trop modéré par rapport aux porfiristes.

Sa courte présidence, tout juste seize mois, n'est qu'une suite de problèmes et de déceptions. Après avoir fait brillamment tomber Porfirio Diaz, il se révèle être un médiocre chef d'État. Il gouverna avec ses ennemis contre ses amis, il s'appuya sur les libéraux et les conservateurs modérés et aussi avec les cientificos de l'ancien régime. Et surtout, il croit pouvoir compter sur le loyalisme de l'armée.

Il doit aussi affronter un leader extrémiste qui essaie de créer une république anarchiste en Basse-Californie, il s'agit de Ricardo Flores Magon. Cet homme dirige une insurrection armée d'un millier de *filibustéros* où se mêlent utopistes socialistes, anarcho-syndicalistes venues des Etats Unis, d'Italie, de Russie…Cette équipée, entreprise en Janvier 1911, encore sous le règne de P.Diaz, se poursuit après la chute de Madero I. Francisco.

Profitant de la vacance du pouvoir à Mexico, les révolutionnaires contrôlent en Juin les villes frontières de

Tijuana et de Mexicali. Succès éphémère. Le mouvement ne tarde pas à s'effondrer

Plus sérieux sont les démêlés de Madéro avec ses anciens partisans. Mis à part Villa, qui a provisoirement troqué son fusil contre un commerce de boucherie à Chihuahua. Mais les autres partisans refusent de déposer les armes et continu le combat.

Le 7 Juin 1911, Emiliano Zapata est le premier à saluer Madéro à sa descente de train. Il a plusieurs rendez-vous à son domicile, callé Berlin, où après d'infructueux diners, les désaccords se font jours entre les deux hommes. Zapata veut la restitution immédiate des terres aux paysans spoliés. Pour Madéro, les choses doivent désormais se faire dans les règles, sans hâte ni violence. N'étant pas à ce moment là encore au pouvoir, il ne peut se saisir du dossier.

Après cette discorde, la démobilisation des Zapatistes est émaillée d'incidents sanglants, notamment le 13 Juillet à Puebla où les affrontements occasionnent une cinquantaine de morts.

Déçu par ses contacts avec Madéro, Zapata refuse de démobiliser ses hommes et il ne tarde pas à retourner les armes contre le nouveau président, et par la suite, les zapatistes brandissent un drapeau marqué du slogan « Terre et Liberté ». Puis il lance le « Plan Alaya » qui promet une réforme agraire et la confiscation du tiers des propriétés des haciendados. Il se déclare même prêt à pendre Madéro à un arbre du parc de Chapultépec.

Mais Madéro qui continu sa descente aux enfers, a d'énormes soucis avec Pascual Orozco et ses « Drapeaux rouges » en Mars 1912. Le 23 Mars, le général Sala se suicide. Mais le pire arrive, et c'est ce qui le mènera à sa perte. Madero, en mettant toute sa confiance au général Victoriano Huerta, un soudard alcoolique, brutal et hypocrite, surnommé la « cucaracha ». Madéro vient de remettre son sort dans les mains de Juda.

Par la force de choses, Madéro signe sa démission après la « décade tragique » qui aura fait plus de 2000 morts, il partira en exil à Cuba. Mais Huerta, décide de son transfert avec Pino Suarez au palais national. On retrouvera plus tard, criblés de balle, les cadavres de l'apôtre de la révolution mexicaine et de son vice- président.

Chapitre trois
Les grandes périodes

Les trois grandes périodes de l'histoire mexicaine

Les Mexicains étaient arrivés à un haut degré de civilisation, quand ils ont été soumis, à partir de 1519, par Cortez et par des aventuriers espagnols venus de Cuba. A partir de là, et jusqu'aux premières décennies du XXe siècle, l'histoire mexicaine peut se diviser en trois grandes périodes.

La première est celle de la colonisation espagnole. Le pays, qui prend le nom de Nouvelle-Espagne, est abondamment pillé par la métropole, mais laisse aussi émerger une prospère société créole. Celle-ci aspirera à l'indépendance au début du XIXe siècle et la proclamera en 1821.

Au cours de la seconde période, le jeune État se trouve confronté aux débordements de ses leaders politiques (parmi lesquels domine la figure du général Santa Anna), ainsi qu'aux ambitions des États-Unis, avec lesquels une guerre (1847-1848) sera inévitable - et inévitablement perdue aussi. Le Mexique doit céder une vaste portion de son territoire à son puissant voisin du Nord, en même temps qu'il se trouve confronté à une crise financière qui le met en conflit avec l'Espagne, l'Angleterre et la France. La France, qui veut y établir un empire, place en 1864 sur le trône son homme de paille, l'archiduc Maximilien d'Autriche.

Une nouvelle période s'ouvre ainsi, qui très rapidement voit l'échec des Français, puis livre, en 1876 le Mexique à la dictature, prétendument éclairée de Porfirio Diaz. En 1910 éclate enfin une révolution qui secoue le Mexique jusqu'en 1923 et distribue les cartes politiques du pays pour le reste du siècle.

I. Première grande période, l'ère espagnole

La période espagnole de l'histoire du Mexique s'ouvre par le débarquement de Cortez en 1519. En moins de deux ans, de 1519 à 1521, il fit la conquête de l'Etat de Mexico, sur lequel l'empereur aztèque Montézuma régnait depuis 1503. Cette conquête fut bientôt suivie de celle de tout le reste du pays. L'Espagne en fit une vice-royauté, la Nouvelle-Espagne, dans laquelle fut compris aussi le Guatemala.

Dans le cours du XVIIᵉ siècle les missionnaires espagnols et leurs aventuriers s'étendirent au Nord et au Sud du plateau de Mexico. La population indigène, accablée par la barbarie et la cupidité des conquérants, épuisée par des travaux excessifs, livrée aux supplices par Inquisition, décrut rapidement, malgré les efforts de Las Casas pour adoucir son sort.

Jusqu'au début du XIXᵉ siècle, l'histoire de la Nouvelle-Espagne se résume principalement au pillage de ses richesses au bénéfice de la couronne d'Espagne. L'exploitation du pays ainsi se borna presque seulement à la recherche des métaux précieux : ainsi le Mexique, fourni d'immense quantité d'or et d'argent à l'Espagne. Acapulco, sur l'Océan Pacifique, était l'endroit où venaient s'accumuler toutes les richesses, qu'on expédiait ensuite en Europe sur des galions.

Le malaise de la société créole, prospère, mais dépourvue de poids politique, l'acheminera peu à peu vers des velléités d'indépendance après que les États-Unis aient acquis la leur à la fin du XVIIIe siècle. Cependant, la rébellion ouverte devra encore attendre pour se faire jour, quelques décennies passeront avant qu'elle n'éclate. L'affaiblissement de la métropole, envahie en 1808, par les troupes napoléoniennes repousse aux calendres grecques cette rébellion.

2. Deuxième grande période, les turbulences mexicaines

Le début du XIXe siècle marque un tournant dans l'histoire mexicaine. Il y eut d'abord trois tentatives inutiles d'indépendance : sous Hidalgo, 1810, sous Morelos, 1815, sous Mina, 1816. En 1821, Iturbide, général de l'armée royale, passa aux insurgés, battit le vice-roi Apodaca, s'empara de Mexico et se fit proclamer empereur en 1822, sous le nom d'Augustin Ier, mais il fut renversé dès l'année suivante, et le Mexique se constitua en république fédérative : la victoire de Tampico, gagnée en 1829 sur les troupes de Ferdinand VII, assura son indépendance. Mais depuis cette époque, le pays s'entre déchire par des dissensions intestines.

Une foule d'ambitieux se sont succédés à la présidence, se renversant ou s'égorgeant les uns contre les autres : Victoria (1824), Pedraza et Guerrero (1828), Bustamante (1829 et1836), Santa Anna (1832), Parèdes (1841 et 1846), Santa-Anna de nouveau (1843, 1847 et 1853). Ce dernier avait réussi un moment à restaurer l'autorité, mais il fut renversé de nouveau en 1855, et depuis le pays est resté livré à la plus déplorable anarchie : plusieurs partis, les fédéralistes et les unitaires, le parti clérical et le parti libéral, s'y disputaient le pouvoir avec acharnement. Aux maux de la guerre civile sont encore venus se joindre ceux de la guerre extérieure : en 1838, les mauvaises relations avec la France conduisirent au bombardement de St-Jean d'Ulloa et de

Veracruz, en 1846, la sécession du Texas, qui s'annexa aux États-Unis, amena une guerre avec cette puissance, à la suite de laquelle le Mexique, partout vaincu, fut forcé de signer à Guadalupe un traité qui lui enlevait le territoire à l'Est du Rio Del Norte, le Nouveau-Mexique et la Nouvelle-Californie (2 février 1848).

En 1861, sous la présidence de Juarez, le Mexique suspend le règlement de sa dette extérieure, et les Européens (la France, l'Angleterre et l'Espagne), encouragés par les conservateurs malmenés par le régime libéral de Juarez, se décident à intervenir militairement. L'affaire se réglera rapidement avec l'Espagne et l'Angleterre, qui se retireront début 1862. Mais la France décida de rester encore un peu.

3. Troisième grande période, l'époque napoléonienne

Napoléon III, afficha ouvertement ses ambitions sur le Mexique. Il souhaitait y fonder un empire latin, catholique, qui pourrait contrebalancer l'influence des États-Unis. Il désigna Maximilien d'Autriche empereur, qui prit possession du trône en 1864. La guerre avec les Mexicains avait déjà commencé, elle allait encore durer trois ans. Mais les Français, détournés des affaires mexicaines par la menace prussienne (Bismarck) se retirèrent du pays et abandonnèrent Maximilien, qui finalement est vaincu et fusillé par Juarez. La république fut rétablie en 1867.

Le Mexique se relève relativement bien de tous ces événements. En 1876, quatre ans après la mort de Juarez, une autre figure de premier plan accède au pouvoir, Porfirio Diaz. Il sera président jusqu'en 1880, puis de nouveau entre 1884 et 1911. Sous sa dictature, déguisée en démocratie moderniste, le pays connaît une certaine prospérité. Mais la chape de plomb qui pèse sur lui finit par provoquer l'insurrection, à partir de 1910.

Inspirée par Francisco Madero, et conduite par des hommes tels que Pancho Villa, Emiliano Zapata ou Alvaro

Obregon, cette révolution chasse Porfirio Diaz du pouvoir. Mais les rivalités qui opposent les vainqueurs, entretiennent une période de trouble qui durera au moins jusqu'en 1923. La vie politique du Mexique sera largement dépositaire de l'héritage de cette révolution. Aussi bien le parti au pouvoir entre 1929 et 2000, le PRI (Parti révolutionnaire institutionnel), que la guérilla zapatiste qui a agité le Chiapas à la fin des années 1990.

Chapitre quatre
L'Empire latin d'Amérique

Napoléon III, poursuivit sont projet d'Empire en accord avec le parti conservateur clérical. Et, le 16 avril 1862, les Français publiaient un étrange manifeste où ils déclaraient être venus au Mexique pour faire cesser les divisions du pays. C'était la guerre. On comptait sur une révolution conservatrice qui n'eut pas lieu. Almonte, Miramon ne groupèrent autour du camp étranger que de 5000 adhérents, pas une ville n'ouvrait ses portes. Juarez décrétait la levée en masse des hommes de vingt et un à soixante ans et menaçait de mort quiconque prêterait son concours à l'ennemi. Le 28 avril, De Lorencez força à Cumbres le passage des montagnes, et le 5 mai il attaqua Puebla que Zaragoza défendait avec 12 000 hommes, il fut repoussé et perdit 476 soldats. Le 18 mai, une défaite des Mexicains à Barranca Seca par les Français et le chef réactionnaire Marquez compensa cet échec.

L'armée française demeura à Orizaba, maintenant péniblement ses communications avec Veracruz. Elle reçut bientôt des renforts sous un nouveau commandant, le général Forey, qui débarqua en août avec 30 000 hommes, monta lentement vers Orizaba, où il commença par dissoudre le pseudo-gouvernement organisé par Almonte (octobre1862). Il établit solidement sa ligne de communications avec Veracruz, et le 16 mai 1863, commença le siège de Puebla. Zaragoza était mort, Ortega défendit la place avec 11 000 hommes, tandis que Comonfort couvrait Mexico. Le siège fut terrible, il fallut prendre, une par une, chaque cuadra (carré de maisons), malgré le choléra et le typhus, les assiégés tinrent trois mois, enfin le 8 mai l'armée de Comonfort fut dispersée à San Lorenzo par Bazaine. Le 17 Mai, Ortega se rendit après avoir encloué ses 150 canons, brisé ses armes et fait sauter la poudrière. 26 généraux, 1000 officiers, 11 000 soldats étaient prisonniers. Juarez sortit de Mexico le 31 mai se retirant à San Luis de Potosi, Bazaine entra dans la capitale le 7 juin.

L'expédition française fit à Mexico une entrée triomphale, aux acclamations du peuple, une assemblée de trente-cinq notables conservateurs fut réunie et remit l'autorité au triumvirat d'Almonte, de Labastida, archevêque de Mexico, et du général Mariano Salas, ancien lieutenant de Santa Anna, ceux-ci appelèrent à délibérer avec deux cent cinquante notables sous le nom d'Assemblée constituante et firent voter le 10 juillet par cette réunion illégale et sans mandat la résolution suivante :

« La nation mexicaine adopte pour forme de gouvernement la monarchie tempérée et héréditaire, sous un prince catholique, le souverain prendra le titre d'empereur du Mexique, la couronne impériale sera offerte à l'archiduc Maximilien d'Autriche pour lui et ses descendants. »

Les circonstances parurent d'abord favorables à la combinaison napoléonienne. Forey, nommé maréchal, rentra en France, laissant le commandement à Bazaine (1er octobre 1863). Celui-ci mena rapidement les opérations avec le concours des bandes conservatrices de Marquez et de Mejia. Les armées libérales étaient dissoutes, il ne restait guère que des guérillas renforcées par les débris des troupes de Comonfort et les évadés de Puebla, le noyau de l'armée régulière était formé d'Indiens enrôlés d'autorité et servant presque indifféremment sous n'importe quel drapeau, et aux guérillas formées de bandes de volontaires ou vaqueros groupés autour de leurs propriétaires, elles se partageaient entre libéraux et réactionnaires.

Les deux principaux chefs de la résistance étaient Juarez dans le Nord et Porfirio Diaz dans le Sud, Bazaine groupa les Mexicains en deux colonnes, sous les généraux Douai et Cartagny, et fit organiser des contre-guérillas par le colonel Dupin. San Luis de Potosi fut pris le 25 décembre, Guadalajara le 5 janvier, et Zacatecas le 6 février1864, Juarez se réfugia à Monterey, d'où il chassa le gouverneur du Nouveau-Léon, Vidaurri, qui voulait se rendre indépendant. Juarez sollicita l'appui des États-Unis, offrant de leur céder la Sonora, mais, encore absorbés par la guerre de sécession, ils n'acceptèrent pas. Comonfort avait été tué. Ortega, qui s'était évadé, était brouillé avec le président et paraissait disposé à s'entendre avec Bazaine.

Le nouvel empereur avait maintenant, le champ libre. Il avait déclaré le 3 octobre à la députation mexicaine, venue à Miramar lui offrir la couronne, qu'il acceptait, sous réserve de l'adhésion unanime de la nation. On fit signer des adresses par deux mille communes, le 10 avril 1864, l'archiduc annonça son adhésion, il se fit sacrer par le pape à Rome et débarqua le 29 mai à Veracruz. Il avait conclu avec le gouvernement français la convention de Miramar, en vertu de laquelle on décidait que l'armée d'occupation française serait réduite à 25 000 hommes et évacuerait progressivement le Mexique au fur et à mesure de l'organisation des forces du nouvel empire, on laissait à celui-ci durant six ans la légion étrangère forte de 8 000 hommes, un article secret ajoutait que l'effectif expéditionnaire resterait plus longtemps, de manière à être encore de 20 000 hommes en 1867.

L'archiduc créait un corps de 7500 volontaires autrichiens et un régiment de 2000 Belges. Les frais à rembourser à la France étaient arrêtés à 270 millions au

1er juillet 1864, ensuite 1 000 F par soldat et par an. Un emprunt de 190 millions avait été ouvert par les Français, il n'y eut que 102 600 000 F de souscrits, dont près de 7 millions absorbés par les courtages, 27 payés aux créanciers anglais, 8 remis à l'archiduc, le reste remis à la France ou déposé en garantie de deux ans d'intérêt.

I. L'intermède de Maximilien

Maximilien entra à Mexico avec sa femme Marie-Charlotte (fille du roi des Belges) le 12 juin 1864. Il essaya une politique de conciliation, écartant les cléricaux extrêmes. Il refusa de rétablir les fueros du clergé et abolit le péonat, qui était, une sorte de servage imposé aux paysans indiens. Il s'aliéna ainsi les réactionnaires sans rallier les patriotes. En même temps, il promulguait la loi martiale contre les républicains qui tenaient encore la campagne. L'armée française avait occupé Monterey, refoulé Juarez sur Chihuahua, Bazaine marcha contre Porfirio Diaz et prit Oaxaca le 9 février 1865, puis fit occuper Chihuahua (15 août). Juarez s'installa à El Paso del Norte, dernier point demeuré libre sur le territoire mexicain. On le crut passer aux États-Unis, et Maximilien rendit le 3 octobre un décret déclarant que ce départ mettait fin à la résistance et que désormais les guérillas libérales seraient regardées comme des associations de malfaiteurs, et leurs membres fusillés dans les vingt-quatre heures.

Quiconque leur procurerait des armes, des vivres, des informations, subirait la peine capitale. Ces mesures terroristes ne pouvaient affermir un régime qui ne se soutenait que par les baïonnettes étrangères.

2. L'intervention des américains

L'effondrement du nouvel empire du Mexique fut rapide. Il n'avait jamais été reconnu par les États-Unis qui n'avaient cessé de traiter Juarez comme le chef du pouvoir légal. Dès le 4 avril 1864, le Congrès de Washington avait déclaré que le peuple des États-Unis jugeait inconciliable avec ses principes la reconnaissance d'une monarchie instituée sous les auspices d'un État européen. Le Sénat et le président ne s'y associèrent pas, mais quand la guerre de sécession toucha à son terme, le 9 février1865, le gouvernement fédéral, au nom de la doctrine de Monroe, demanda à Napoléon III de rappeler ses troupes, afin de laisser les Mexicains choisir librement leur gouvernement. Vainement on tenta de traîner en longueur, le langage des États-Unis devint menaçant, et l'évacuation devint inévitable. Un emprunt de 170 millions souscrit en France n'avait apporté au gouvernement que 50 millions. Bazaine et Maximilien étaient en désaccord et se paralysaient, le pape avait rejeté un nouveau concordat qui sanctionnait la vente des biens du clergé. Les défections se multipliaient.

Inébranlable, Juarez, dont les pouvoirs expiraient le 30 novembre 1865, les avait prorogés, refusant de céder la place au président de la cour suprême Ortega qui aurait dû assurer l'intérim. Des volontaires affluèrent des États-Unis, l'exécution des chefs républicains, Arteaga et Salazar, fusillés par le général Mendez (3 octobre 1865), ne fit que surexciter les patriotes. Même le vieux Santa Anna sortit de sa retraite de La Havane. Dès que l'ordre de rapatriement des troupes françaises est connu, les Mexicains secouent le joug. En janvier 1866, les libéraux sont maîtres de l'État de Durango, en février du Nouveau-Léon, le 14 juillet, Mejia capitule à Matamoros, Monterey est évacué, Tampico pris en août, Juarez se réinstalle à Chihuahua en septembre. Vainement l'impératrice Charlotte vient supplier Napoléon, on ne laisse même plus partir de nouveaux volontaires autrichiens.

Le chevaleresque Maximilien refuse d'abdiquer, ne voulant pas abandonner ses partisans aux représailles des vainqueurs. Le 11 mars 1867, les derniers soldats français se rembarquent, les Belges, la plupart des Autrichiens, étaient partis. Les événements se précipitèrent, les bandes d'Apaches et d'Opatas, qui avaient arboré le pavillon impérial, sont écrasées au Nord, au Sud, les Impériaux sont vaincus dans le Yucatan. Porfirio Diaz arrive aux portes de Mexico, après avoir défait Marquez. Maximilien se retire dans la forteresse de Quérétaro, tandis que Marquez fait fusiller ses prisonniers et terrorise la capitale. Escobedo assiège Quérétaro dont le colonel Miguel Lopez lui rend la citadelle (15 mai 1867), Mendez est fusillé le jour même. Le mois suivant, Maximilien a le même sort avec Mejia et Miramon (19 juin). Les libéraux ne voulaient pas laisser repartir pour l'Europe un prétendant dont la cour eût été un foyer permanent de conspirations, et ils tenaient à donner un sanglant avertissement aux princes européens en quête d'une couronne. Le 24 juin, Porfirio Diaz entrait à Mexico, le 25, Veracruz se rendit. Juarez rentra dans sa capitale, au milieu des acclamations, et fut réélu président.

Ce n'est qu'après l'aventure du Second Empire de Maximilien d'Habsbourg que l'influence française se fera sentir autrement. Soutenue par les forces de Napoléon, la cour renforce le prestige de la mode et de la gastronomie françaises parmi l'élite et, même si l'épisode ne dure pas longtemps, certaines habitudes sont prises comme, par exemple, celle d'aller au restaurant, grâce à plusieurs établissements, tels De Verdun ou la Maison Dorée , fondés par d'anciens combattants. Ainsi, juste après l'Intervention, l'on voit apparaître les premiers menus officiels imprimés en français et décrivant des recettes classiques, synonymes d'un bon goût qui rejette les sauces locales. Cette prédilection est visible aussi bien dans l'ordre des idées politiques et sociales cherchant à appliquer la devise positiviste d'Auguste Comte, « Ordre et progrès», alors très en vogue. Celle-ci s'adapte parfaitement à la pensée officielle du gouvernement du général Díaz qui, pendant son régime lequel s'étendit de 1876 à 1911, offrit un soutien quasiment inconditionnel aux hommes d'affaires européens dans le but d'enrayer l'influence de ses trop proches voisins du nord.

Cet appui, qui s'ajoute au capital accumulé pendant l'Intervention et à des transports directs et donc plus économiques, permit aux petits commerçants établis depuis une trentaine d'années de réunir les sommes et l'expérience nécessaires pour créer au Mexique des établissements calqués sur le modèle des grands magasins parisiens, comme le Printemps ou la Belle Jardinière, offrant à leur clientèle la possibilité d'acquérir plusieurs produits différents, la plupart de luxe, dans un cadre somptueux où le prix fixe déplaça la vieille habitude du marchandage. Face au succès de magasins dont subsistent El Palacio de Hierro et El Puerto de Liverpool, les entrepreneurs, pratiquement tous d'origine de Barcelonnette, décidèrent de franchir un pas de plus et participer directement à la fabrication des produits qu'ils écoulaient en créant des usines textiles de pointe comme Río Blanco ou, à une moindre échelle, Santa Rosa.

L'enrichissement conséquent permettra à certains de se lancer dans des affaires d'une autre envergure, telles les nouvelles banques où plusieurs chefs de maisons barcelonnettes figurent au conseil d'administration. Cependant, la Révolution mexicaine et la Première guerre mondiale transformeront cette situation florissante en enrayant plusieurs circonstances favorables à ce développement hors du commun : fin du protectionnisme, limite à l'immigration, plus grande influence des Etats-Unis, syndicalisme et usure d'un système patronal qui pousse les jeunes à chercher de nouvelles voies.

Barcelonnette, ville française de la région de Provence

Désormais, la présence française prend une autre tournure et à partir de la deuxième guerre mondiale, ce sont les grandes entreprises qui prennent la relève et dirigent sur le Mexique de nouveaux capitaux humains. Même si la plupart n'y séjourne qu'une période assez courte, nombreux sont ceux qui succombent sous le charme du pays et décident de rejoindre les rangs des Français établis de longue souche sur cette terre chaleureuse afin d'y contribuer, eux-aussi, au rayonnement de la France. Que l'influence française se fera sentir autrement.

Les habitants de l'Ubaye, formés très tôt à « l'art d'être marchand » quittaient la Vallée pour aller vendre leur production de draps et soieries en Provence, en Dauphiné, en Piémont, en Flandres…

Au milieu du XIXe siècle

L'émigration définitive remplace l'émigration saisonnière et conduit les entrepreneurs de la Vallée jusqu'aux Amériques, d'abord en Louisiane au souvenir français, puis au Mexique où Jacques Arnaud (1781 – 1828) installe vers 1818 – 1820 un magasin de tissus associé à ses frères Dominique et Marc-Antoine, ouvrant ainsi la voie aux soyeux du Mexique.

Destination privilégiée depuis le Second Empire, le Mexique va concentrer la plus importante communauté d'émigrants originaires de l'Ubaye, appelés les Barcelonnettes, donnant naissance à plusieurs générations d'industriels, négociants et banquiers, qui seront les « interlocuteurs préférentiels » (Jean Meyer) de la jeune république des États-Unis du Mexique entre 1870 et 1910.

Arrivée à Mexico, l'installation (1840 — 1870)

C'est au cœur de la capitale de la jeune république fédérative des états du Mexique (1824) que choisissent de s'implanter les premiers commerces de tissus, cajones de ropa, alignés les uns sur les autres. Au nombre de 46 en 1846 (dont 20 magasins pour le seul district fédéral de Mexico), ils représentent plus de 110 établissements 40 ans plus tard, en 1886, implantés dans les principaux centres urbains : à Puebla, à Morélia, à Guadalajara, à Durango, à Tampico ...

Du commerce à l'industrie (1870 — 1910)

Sous la longue présidence de Porfirio Diaz (1830 – 1915), les entrepreneurs barcelonnetttes deviennent "l'interlocuteur préférentiel du gouvernement mexicain" (Jean Meyer), et prennent une part active à l'industrialisation et à la modernisation du pays.

Dessinés par des architectes français, de nouveaux établissements copiés sur les modèles parisiens du Bon Marché et de la Samaritaine adoptent tous « une écriture on ne peut plus post-haussmanienne de dômes et de grands combles cintrés dont la protubérance accentue la majesté des volumes, silhouettés à chaque carrefour » (François Loyer). Le maître verrier nancéen Jacques Grüber signe les imposantes verrières des grands magasins El Palacion de Hierro (1891) et du Centro Mercantil (1896), aujourd'hui transformé en grand hôtel.

Soucieux de maîtriser aussi la production, les négociants barcelonnettes fondent d'importantes compagnies industrielles (Compagnie industrielle d'Orizaba et la Compagnie industrielle Veracruzana), à la tête de nombreuses fabriques de filature, tissage et impression du coton, dont les plus importantes sont dans la vallée de Rio Blanco (État de

Véracruz). La banque attire les entrepreneurs barcelonnettes qui prennent d'importantes participations dans toutes les banques du pays et détiennent le monopole de l'émission des billets… (Patrice Gouy).

Sous la longue présidence de Porfirio Diaz (1876-1911), qui manifeste un vif intérêt pour la France, les barcelonnettes, soucieux désormais de maîtriser aussi la production, se lancent dans l'industrie. Constitués en société anonyme, ils fondent en 1889 la Compagnie Industrielle d'Orizaba, située dans la vallée du fleuve Rio Blanco dans l'État de Veracruz. La compagnie est bientôt en possession de quatre fabriques de filature, tissage et impression du coton et de la grande fabrique modèle de Rio Blanco, considérée comme "le Manchester du Mexique", qui fondera la première cité ouvrière du Mexique. Le processus d'industrialisation et d'équipement amorcé sous le Porfiriato (1876-1911), conduit à une modernisation et à une spécialisation du langage architectural fortement influencé par le " style français ", omniprésent dans la capitale mexicaine.

Les nouveaux établissements commerciaux édifiés par les négociants barcelonnettes entre 1890 et 1910 remplacent les modestes maisons cajones de ropa de la première heure. El Palacio de Hierro, le Palais de Fer, le premier grand magasin barcelonnette construit à Mexico pour le négociant Henri Tron, inaugure une série d'édifices commerciaux de prestige, copiés sur les modèles parisiens du Bon Marché ou de la Samaritaine.

Toutes les manufactures importantes implantées au Mexique entre 1890 et 1910, qui emploient plus de 30 000 ouvriers et représentent 133 fabriques, comptent des barcelonnettes dans leur conseil d'administration. Ainsi, la principale manufacture de tissus de laine, la Sociedad de San Ildefonso (1895), fondée par le Gascon Ernest Pugibet, la seule fabrique importante de papier, la Compania de San Rafael (1894) ; la première manufacture de cigarettes du monde, El Buen Tono (1889), fondée par Ernest Pugibet ; la fonderie de fer et acier de Monterrey (1900) ; la fabrique de bières Moctezuma de Orizaba (1896) ou la maison Clément Jacques à Mexico, spécialisée dans les conserveries et denrées alimentaires.

De la révolution à l'intégration (1911 – 1950)

Cette étonnante réussite économique ne saurait masquer la dure réalité quotidienne d'une grande partie des émigrants, employés et ouvriers. Les tous premiers mouvements de contestation éclatent en janvier 1907, à l'intérieur de la fabrique de Rio Blanco fondée par les barcelonnettes. Sept ans plus tard, à l'aube du premier conflit mondial, les barcelonnettes se mobilisent et se portent volontaires. À leur côté des mexicains aussi tomberont pour la France.

Les années post-révolution marquent une rupture et modifient les règles alors favorables aux investisseurs étrangers lois sur la restriction de l'émigration, limitation du personnel étranger… etc. Une dernière vague d'émigrants rejoint le Mexique dans les années 1950, ils ne sont plus qu'une dizaine dans les années 1960. Les barcelonnettes sont de plus en plus et les retours définitifs dans la Vallée deviennent de plus en plus rares.

Aujourd'hui, le nombre de descendants barcelonnettes dépasse largement le nombre des habitants de la Vallée (7500). Chaque année, de nombreux hollandais, américains et mexicains, tous originaires de l'Ubaye, découvrent la terre de leurs ancêtres.

Désormais deux musées, consacrés à l'histoire des entrepreneurs barcelonnettes, témoignent d'une histoire commune à la vallée de l'Ubaye et au Mexique : le musée de la Vallée à Barcelonnette, ouvert en 1988, et le tout nouveau Museo Comunitario à Ciudad Mendoza, inauguré en avril 2001.

Modernisation et mutation aux XIXe et XXe siècles

De profondes mutations marquent la ville médiévale et sa périphérie entre 1880 et 1935. Intra-muros, le centre historique connaît d'importants chantiers (nouveaux édifices publics) ; extra-muros, apparition d'un tout nouvel urbanisme de villégiature avec la création d'un parc de villas.

Au cœur de la ville : disparition des arcades, « portiques » (1890 -1897), réseau de drainage et apparition en 1897 de l'éclairage public de la ville, soit 18 ans seulement après Paris. De nouveaux équipements publics : construction du collège André Honnorat (1919), casernes (les plus confortables de France, 1919), reconstruction de l'église paroissiale dédiée à Saint Pierre (1924-28), monument aux morts (1921) et statue du maréchal de Berwick par le sculpteur Paul Landowsky (1926), banque de Barcelonnette (1925), reconstruction de l'Hôtel de ville et du marché couvert (1934-36).

À la périphérie de la ville : naissance du parc des villas construites de retour du Mexique (1870-1930) par les anciens négociants et industriels textiles, originaires de la Vallée de l'Ubaye. « Cette ceinture de villas cossues lui donne un air de ville d'eau à la mode ou plutôt de ce qu'elle commence à être, de ce qu'elle deviendra certainement, une charmante station d'été » (François Arnaud).

Etalée sur un demi-siècle (1880-1930), la construction des villas de Barcelonnette et Jausiers regroupe 80 édifices qui ont favorisé la création d'un nouvel urbanisme proche de celui des villes d'eau contemporaine où, de la même façon, les parcs et jardins l'emportent sur le bâti. Il en résulte un esprit et un mode de villégiature qui vont caractériser l'émergence de cette nouvelle architecture plus familière du littoral méditerranée et des stations balnéaires de la côte Atlantique.

Les commanditaires sont tous des enfants du pays, de retour après de longues années d'émigration et qui ont tous brillamment réussi dans l'industrie textile et le négoce. Ainsi, après avoir longtemps été à la pointe du goût et de la modernité, ils s'attachent à la construction d'une villa moderne où ils passeront l'été avant de rejoindre le front de mer dès les premiers frimas de l'hiver. Alexandre Reynaud, père de Paul Reynaud (1878-1966), homme d'état français, construit parmi les premiers une élégante villa dont les proportions et la parfaite symétrie rappellent celles des grandes demeures bourgeoises classiques du centre historique de Barcelonnette. Aujourd'hui, transformée en musée (musée de la Vallée), la villa la Sapinière (1878-11910) conserve intacts ses riches parquets en marqueterie, le salon-bibliothèque et son élégant cabinet de bains entièrement décoré de faïences de Sarreguemines. De cette première génération, datent encore la villa le Verger (office nationale des forêts) et la villa Mireio. Seule la villa édifiée par Émile Chabrand (1843-1893) se distingue par son langage pittoresque associant pour la première fois la brique, le bois et les produits céramiques.

Les riches années 1890-1910 instaurent de nouvelles pratiques architecturales. Les villas deviennent ambitieuses, les modèles se multiplient, les façades s'ornent et surtout les toitures se compliquent, toujours plus hautes. Des architectes venus des principales métropoles dessinent d'imposantes "villas châteaux" et puisent dans toutes les ressources de l'éclectisme fin de siècle. L'accent est mis sur l'effet de silhouette. Regroupées à l'est de Barcelonnette, les villas de la seconde génération témoignent de la diversité des formes architecturales et du vocabulaire décoratif.

Au castel néo-gothique succède un palazzo florentin avec son ordonnance de pilastres. La villa château est développée autour d'une aile en retour d'équerre et coiffée d'une poivrière symbole de triomphe parmi les autres modèles. Agrémentée d'une véranda métallique enrichie de vitraux, elle se distingue encore par sa toiture en ardoise d'Angers. À Jausiers, d'imposantes constructions affichent une écriture quasi balnéaire, sous la houlette d'un architecte originaire de Lugano, dont le fleuron est le château des Magnans. Achevé en 1913, il offre ses tours couronnées de merlons, ses baies géminées, son imposant soubassement mettant en scène un effet de silhouette spectaculaire qui rappelle le château du prince Louis II de Bavière. Depuis 1985, il est inscrit à l'Inventaire supplémentaire des monuments historiques.

L'entre-deux-guerres marque le déclin. Les villas, moins nombreuses sont aussi plus modestes. Edifiée en 1930, seule la villa Bleue développe un programme architectural ambitieux autour d'un vaste hall central éclairé par un vitrail monumental dont l'iconographie évoque la réussite du commanditaire dans l'industrie textile. On y découvre les métiers à tisser, les usines et le grand magasin de nouveautés qui appartient au commanditaire. Comme le château des Magnans, la villa Bleue est inscrite à l'Inventaire supplémentaire des Monuments Historiques.

On recherchera en vain toute référence stylistique à l'architecture néocoloniale comme à l'architecture vernaculaire mexicaine. Aucun emprunt à l'exotisme. Exemple, l'architecture néo-mauresque largement présente sur la Côte d'Azur est totalement absente des sites ubayens au climat plus rigoureux, l'unique référence au Mexique réside dans l'appellation choisie de quelques villas : villa Puebla, villa Morélia, la Tapatia...

Propriétés privées, les villas de Barcelonnette ne se visitent pas à l'exception de la villa La Sapinière qui abrite le Musée de la Vallée.

... et tombeaux

La construction de la villa en Ubaye ne se conçoit pas sans l'édification du tombeau, ultime demeure et dernier témoignage dû de la réussite de l'ancien émigrant au Mexique, dessiné parfois par le même architecte. Villas et tombeaux sont étroitement liés et observent la même évolution architecturale et stylistique.

Taillées exclusivement dans la pierre blanche, les premières chapelles (1880 - 1890) forment sous le ciseau du tailleur local un ensemble de constructions classiques avec leurs colonnes ioniques cannelées et engagées et leurs frontons triangulaires. Des marbriers et sculpteurs piémontais (entreprise Rossetto-Rinaldi) signeront l'essentiel de la très riche production des années 1900-1914 introduisant de nouveaux modèles, ambitieux et éclectiques, faisant appel aux matériaux les plus divers (pierre de la Chapelue, marbre de Carrare, marbre de Serennes, pierre de Restefond), et encore enrichis de vitraux.

Ce patrimoine funéraire riche, à découvrir, est présent au cœur de chaque village de la vallée de l'Ubaye.

Racines françaises au Mexique

De nos jours, la Communauté franco-mexicaine issue du mouvement migratoire ubayen au Mexique (1850 - 1950) réunit plusieurs milliers de descendants. Une partie d'entre eux sont aujourd'hui rassemblés au sein de l'association Racines Françaises au Mexique (Raices Francesas en Mexico).

Cette dernière fondée à Mexico en novembre 2003, est reconnue par l'ambassade de France au Mexique. Ses objectifs sont l'identification et le rassemblement de tous les descendants d'émigrants français au Mexique; le recensement et la sauvegarde de la mémoire et du patrimoine de l'émigration.

I. Porfiriat et Révolution

L'œuvre de régénération du Mexique fut plutôt activée que retardée par cette terrible crise. Le parti réfor-mateur se trouva délivré des cléricaux qui avaient appelé l'étranger. Quelques soulèvements, notamment celui de Santa Anna au Yucatan, furent aisément comprimés par Juarez, auquel Ortega se rallia franchement. En avril 1869, il put faire voter une amnistie politique à tous les indigènes. Réélu en 1871, il mourut le 18 juillet 1872, le pouvoir passa au président de la cour suprême, Sébastien Lerdo de Tejada, jusqu'au 31 juillet 1874. Il se fit réélire, mais ne put se maintenir. La grosse difficulté était la question financière qui avait provoqué l'intervention étrangère.

La dette publique comprenait l'ancien emprunt anglais de 3%, soit 250 millions, et 175 millions de dette intérieure à 6 %, une dette espagnole réglée en 1851 et 1853 à environ 24 millions, une dette aux États-Unis de 6 millions (convention du 4 juillet 1868), celles résultant des actes de la faction conservatrice et de l'empire qu'elle avait soutenu : fonds de 3 % créé en 1864 pour régler les coupons arriérés de l'emprunt anglais (121 620 000 F, emprunt anglo-français 6 % de 1864 (309 125 000 F), emprunt à primes 6% de 1865 (250 millions), créances admises des résidents étrangers (150 millions), sommes dues à la France (325 millions). C'était, au temps de Maximilien, un total de près de 4 600 000 000, portant près de 100 millions d'intérêts annuels. Juarez refusa naturellement de reconnaître les emprunts contractés par ses adversaires, ce qui retarda le rétablissement des relations diplomatiques avec les États européens, qui presque tous avaient reconnu Maximilien. Le premier qui les rouvrit fut la Confédération de l'Allemagne du Nord, en 1868, la France les reprit en 1882 et l'Angleterre en 1883, après règlement de sa dette et des arriérages pour une inscription globale de 430 millions, les créanciers réclamaient plus de 2 milliards.

Chapitre cinq
Le Porfiriat

Le parti radical et fédéraliste est demeuré au pouvoir plusieurs décennies. Il a complété son triomphe par la séparation totale de l'Église et de l'État, la suppression du vote des ecclésiastiques (1871), l'expulsion des jésuites et des ordres étrangers (1873), la multiplication des écoles laïques. En 1873, il abolit la distinction légale entre péones et propriétaires.

Juarez fut le premier président qui accomplit régulièrement toute la durée de son mandat. Tejada, son successeur, n'avait ni le même prestige ni la même valeur morale, lorsqu'en 1876, il prétendit imposer sa réélection, il fut attaqué par Iglesias, le Congrès se prononça pour Tejada (29 octobre 1876), alors Iglesias et le second libérateur du Mexique, Porfirio Diaz, ancien médecin devenu général pendant la guerre, recoururent aux armes. Diaz fut vainqueur (15 novembre) et entra à Mexico le 1er décembre 1876. Reconnu président provisoire, il fut définitivement élu en février 1877. Au bout de ses quatre années, il fut remplacé, le 1er décembre 1880, par le général Manuel Gonzalez, du même parti. Celui-ci rétablit le favoritisme et se laissa lui-même corrompre. Aussi Porfirio Diaz fut-il réélu en 1884 et depuis lors, en 1888 et1892.

Sous l'impulsion énergique de Porfirio Diaz, le pays s'est transformé. Il a constitué une armée permanente assez forte et disciplinée pour clore le régime des *pronuncia-mentos*. Il a établi une sécurité comparable à celle des États européens. Il a rendu à l'administration son autorité morale et effective. Lui-même a été strict observateur de la légalité constitu-tionnelle. La situation politique affermie, il a amélioré, dans une mesure incroyable, la situation économique. La sécurité rétablie a naturellement provoqué l'essor de l'industrie et du commerce. Celui-ci fut décuplé par la construction d'un vaste réseau de chemins de fer, Une politique douanière nettement protectionniste a donné d'aussi bons résultats qu'aux États-Unis d'autant que la répression de la corruption en a assuré tous les bénéfices au Trésor. Dès 1880, le budget se réglait en excédent, et on pouvait aborder le règlement de la dette extérieure. Tant pour cet objet que pour l'établissement des moyens de transports, de nouveaux emprunts furent contractés à des conditions relativement favorables en 1888, 1889 (chemin de fer de Tehuantepec), 1890 et 1893. La dépréciation de l'argent, dont le Mexique était un grand producteur, a été gênante, en réduisant à moitié la valeur du dollar mexicain (l'adoption en 1905 du monométallisme or permettra cependant de stabiliser la situation).

Les observateurs étrangers sont alors très impressionnés. Le gouvernement se donne une allure démocratique. Inspiré par les idées de Porfirio Diaz, il se veut laïque et résolument pacifique, il s'occupe, semble-t-il, d'améliorations matérielles intérieures. Le Mexique au début du XXe siècle apparaît au moins au niveau de pays comme l'Australie ou l'Algérie à la même époque. Les progrès sont réels. Le *Porfiriato* ne peut cependant se résumer à cette vision angélique. Le régime de Porfirio Diaz est en réalité une dictature. Les élections sont systématiquement truquées, les opposants éliminés physiquement. Le pays, sur lequel pèse une chape de plomb, doit son développement économique aux capitaux américains et européens, ce qui a un corollaire : ses principales richesses passent rapidement entre les mains de compagnies étrangères. A terme, le régime ne peut que se lézarder et tomber.

Chapitre six
20 Novembre 1910, la révolution Mexicaine

I. Le sang de la Révolution

En 1910, Porfirio Diaz se trouve confronté à un opposant sérieux, Francisco Madero, qui déjà en 1903 s'était insurgé contre les méthodes sanglantes du président (écrasement d'une manifestation à Monterey). Madero est arrêté juste avant les élections présidentielles, puis relâché après la nouvelle "victoire" de Porfirio Diaz. Depuis les États-Unis, où il s'est réfugié, Madero en appelle le 20 novembre à la révolution, et obtient le soutien inattendu d'un bandit de grand chemin du nom de Doroteo Arango, dit Francisco (Pancho) Villa. Ces cavaliers mèneront une bataille suffisamment dure aux troupes gouvernementales (bataille de Ciudad, mai 1911), pour conduire Porfirio Diaz à la démission, puis à la fuite à l'étranger (il mourra à Paris en 1915). Francisco Madero est élu à la présidence le 7 juin 1911. Mais, à l'épreuve du pouvoir, il apparaîtra davantage surtout comme un théoricien, un politique de bonne volonté sans doute, mais qui échouera devant les réalités du terrain.

Dès novembre, une insurrection est conduite dans la région de Morelos par Emiliano Zapata, un paysan aux idéaux socialistes, en mars de l'année suivante, un autre soulèvement a lieu, sous la conduite de Pascual Orozco. Madero fait appel au général Huerta pour mater ces mouvements. Mais Huerta s'allie bientôt aux nostalgiques de Porfirio Diaz, soutenus en sous-mains par les États-Unis. Huerta fera assassiner Madero le 21 février 1913. Le Mexique entre alors dans une longue phase d'instabilité. Les troupes légalistes, autour du général Alvaro Obregon, que rejoignent pour un temps Emiliano Zapata et

Pancho Villa, qui entrent à Mexico en novem-bre 1914 et parviennent à chasser Huerta et les porfiristes, et finiront par porter au pouvoir en 1917 Venustiano Carranza. Le 5 février, une nouvelle constitution, inspirée de celle de 1857, est proclamée. Des droits nouveaux sont accordés (salaire minimum, droits syndicaux, etc.). Et la révolution semblerait finalement avoir triomphé, si ce n'avait été des luttes intestines entre les nouveaux dirigeants : Zapata est assassiné en 1919 par un sbire de Carranza, Carranza et Villa seront assassinés respectivement en 1920 en 1923 sur l'ordre d'Obregon. La révolution est alors terminée.

Pas nécessairement les désordres et les tragédies....

El 5 de Mayo
Une fête nationale franco-mexicaine !

El Cinco de Mayo («le 5 mai» en français) est une fête nationale au Mexique. Il commémore la victoire des forces mexicaines menées par le Général Ignacio Zaragoza sur les forces expéditionnaires françaises dans la Bataille de Puebla (5 mai 1862).

Un peu d'histoire

Sous le prétexte de forcer le paiement de la dette exceptionnelle et estropiant du Mexique, le Royaume-Uni, l'Espagne et la France avaient envoyé des troupes au Mexique. Le gouvernement démocratiquement élu du Président Benito Juárez passa des accords avec les Britanniques et les Espagnols, qui rappelèrent promptement leurs armées, mais les Français restèrent.

L'empereur Napoléon III voulut fixer la domination française dans l'ancienne colonie espagnole, y compris l'installation de ses parents, l'archiduc Maximilien d'Autriche, au gouvernement du Mexique. Bien qu'Abraham Lincoln ait rondement condamné les ambitions impérialistes de Napoléon dans un pays voisin, il ne pouvait pas intervenir dans le conflit car les États-Unis étaient en pleine guerre Civile américaine alors.

Confiants en une victoire rapide, 6500 soldats français marchent sur Mexico pour prendre la capitale avant que les Mexicains ne puissent rassembler une défense viable. Durant leur marche, les Français rencontrent une rude résistance devant Zaragoza, sortie pour arrêter les envahisseurs.

Bataille entre Mexicains et Français

La bataille entre les armées françaises et mexicaines s'est produite le 5 mai quand la milice mal équipée de Zaragoza (4 500 hommes) a rencontré l'armée française. Cependant, les petites et agiles unités de cavalerie de Zaragoza purent empêcher les dragons français de prendre le champ et d'accabler l'infanterie mexicaine. Les dragons étant coupés de l'attaque principale, les Mexicains défirent les soldats français restants grâce à leur ténacité, du fait du terrain inhospitalier et au moyen d'un assaut concerté à distance par les paysans locaux. L'invasion fut arrêtée et écrasée.

Zaragoza gagna la bataille mais perdit la guerre

L'empereur français, lors de l'étude de l'invasion échouée, expédia derechef une autre force, cette fois de 30 000 soldats. En 1864, ils réussirent à défaire l'armée mexicaine et à occuper Mexico. L'archiduc Maximilien devint empereur du Mexique.

Le gouvernement de Maximilien fut de courte durée. Les rebelles mexicains opposés à son gouvernement résistèrent, cherchant l'aide des États-Unis. Une fois la guerre civile américaine terminée, les militaires des États-Unis commencèrent à fournir aux Mexicains des armes et des munitions, et jusqu'à ce qu'en 1867, les rebelles, après le retrait des Français, déposent leur empereur fantoche. Les Mexicains réélurent alors Juárez comme président.

Camerone, 30 avril 1863

Créée en 1831 par Louis-Philippe, la Légion étrangère a pris part à tous les combats menés par la France, elle a participé à la constitution de l'Empire français.

Dans la mystique de ce corps d'élite, un fait d'armes, symbolise son héroïsme et son sens du devoir, Camerone.

L'expédition mexicaine

Le combat de Camerone est un épisode de l'expédition du Mexique, décidée par Napoléon III en 1861, en pleine guerre de Sécession américaine, pour contrer l'expansion des États-Unis et leur domination sur tout le continent américain, l'Empereur estimant alors qu'ils menaçaient les intérêts européens, et français particulièrement. Il s'agissait « de marcher sur Mexico, d'y planter hardiment notre drapeau » pour y établir une monarchie, proposée à l'archiduc Maximilien, frère de l'empereur d'Autriche, et acceptée par lui après une longue hésitation.

Le port de Vera Cruz, dans le golfe du Mexique, et la ville fortifiée de Puebla, protègent alors la route de Mexico. Au début de 1863, le régiment de Légion envoyé au Mexique en renfort des troupes françaises qui s'y trouvent déjà depuis deux ans, reçoit comme mission d'assurer la sécurité des convois de ravitaillement des unités qui assiègent la place.

Intervention de la Légion étrangère

Il s'agit d'une compagnie du régiment étranger commandé par le colonel Jean Ningros, basé à Sidi-bel-Abbès en Oranie. Embarqués sur le "Saint-Louis" les légionnaires arrivent dans le port de Veracruz le 26 mars 1863. Les hommes de Jean Ningros ont mission de surveiller une partie de la route de Veracruz à Cordoba, le tronçon des " Terres chaudes", Tegeria-Chiquihuite.

Le 29 avril 1863, Jean Ningros apprend qu'un gros convoi emportant trois millions en numéraires, du matériel de siège et des munitions est en route pour Puebla. Le capitaine Danjou, son adjudant-major, le décide à envoyer au-devant du convoi une compagnie. Le 30 avril, le colonel Jean Ningros demande à la compagnie du capitaine Danjou de faire une reconnaissance près de Palo Verde, à une dizaine de kilomètres de Camerone.

A ce moment-là, l'ennemi se montre et le combat s'engage.

Camerone

Arrivé à la hauteur de l'auberge de Camerone, vaste bâtisse comportant une cour entourée d'un mur de 3 mètres de haut, il décide de s'y retrancher pour fixer l'ennemi.

Le capitaine Danjou répond ainsi au militaire mexicain le sommant de se rendre : « Nous avons des cartouches et ne nous rendrons pas ». Puis, levant la main, il jure de se défendre jusqu'à la mort et fit prêter à ses hommes le même serment. Ses soixante hommes résistent à deux mille Mexicains : huit cents cavaliers, mille deux cents fantassins.

A midi, le capitaine Danjou est tué d'une balle en pleine poitrine. Vient le tour du sous-lieutenant Vilain deux heures plus tard qui tombe frappé d'une balle au front. A ce moment, le colonel mexicain réussit à mettre le feu à l'auberge.

Les légionnaires persévèrent, nombre d'entre eux sont tués, si bien qu'à 5 heures, il ne reste que 12 hommes autour du sous-lieutenant Maudet.

Les Mexicains vont donner l'assaut général par les brèches qu'ils ont réussi à ouvrir, mais auparavant, le colonel Milan adresse une dernière sommation au sous-lieutenant Maudet.

La bataille terminée, il ne reste que six hommes : le sous-lieutenant Maudet, le caporal Maine, les légionnaires Katau, Wensel, Constantin, Léonhart. Chacun d'eux cependant garde encore une cartouche, et, dans un coin de la cour, le dos au mur, ils font face. Le sous-lieutenant Maudet et deux légionnaires tombent frappés à mort, Maine et ses deux camarades vont être massacrés quand un officier mexicain se précipite sur eux et les sauve, il leur crie :

- Rendez-vous!

- Nous nous rendrons si vous nous promettez de relever et de soigner nos blessés et si vous nous laissez nos armes.

Leurs baïonnettes restent menaçantes.

On ne refuse rien à des hommes comme vous! répond l'officier

Les soixante hommes du capitaine Danjou auront tué 300 soldats mexicains et blessé autant.

Reconnaissance

L'empereur Napoléon III décide que le nom de Camerone sera inscrit sur le drapeau du Régiment Étranger et que, de plus, les noms de Danjou, Vilain et Maudet, seront gravés en lettres d'or sur les murs des Invalides à Paris.

Un monument est élevé en 1892 sur l'emplacement du combat. Il porte l'inscription :

"LS FURENT ICI MOINS DE SOIXANTE OPPOSÉS A TOUTE UNE ARMÉE
SA MASSE LES ÉCRASA
LA VIE PLUTÔT QUE LE COURAGE
ABANDONNA CES SOLDATS FRANÇAIS
LE 30 AVRIL 1863 A LEUR MÉMOIRE LA PATRIE ÉLEVA CE MONUMENT

Chaque 30 avril, fête de la Légion, date anniversaire de Camerone, a lieu une cérémonie militaire à Aubagne, au cours de laquelle est lu, devant le front des troupes, le récit de Camerone, dans chaque unité de Légion, où qu'elle se trouve, et quelles que soient les circonstances.

A cette occasion, un légionnaire porte sur un coussin la main de bois. Il remonte la voie sacrée qui conduit au monument aux morts rapporté morceau par morceau de Sidi-bel-Abbès.

La main du capitaine Danjou

Après le combat, la colonne de secours du colonel Jeanningros ne retrouve que des corps dépouillés. On cherche en vain la main articulée que le capitaine Danjou, dix ans plus tôt, en Algérie, s'était fait fabriquer à la suite d'un accident d'arme à feu. La prothèse est retrouvée le 20 juillet 1865 par un lieutenant autrichien Grüber chez le propriétaire français d'un ranch des environs de Tesuitlan ; il l'achète pour 50 piastres.

Camarón, ou quand la défaite devient symbole d'honneur

Rappel des faits : 1861, profitant de la passivité des Etats-Unis, empêtrés dans la guerre de Sécession- Napoléon III décide d'instaurer au Mexique « un grand empire Catholique » qui sera l'allié de la France. Le non-paiement d'une dette contractée par le gouvernement libéral de Benito Juarez fournit aux français le prétexte idéal pour envahir « légitimement » le Mexique.

Son armée subissant de cuisantes défaites et étant constamment harcelée par la guérilla mexicaine Napoléon III accède à la pétition formulée par des officiers de la légion étrangère lui demandant « l'honneur d'aller se faire tuer » pour la France au Mexique.

Le régiment dépêché sur place le 25 Mars 1863 se voit alors confier la mission, ô combien dangereuse, d'escorter des convois entre Veracruz et Puebla.

Ce qui devait arriver arriva... Le 30 Avril 1863 une poignée de légionnaires, reclus dans une hacienda de Camarón, village situé au centre de l'état de Veracruz, mène une résistance désespérée contre près de 3000 mexicains. « La mort est au bout, ils savent qu'ils ne peuvent pas faire autrement ».

La fin sera tragique. Après toute une journée de combat, submergés par le nombre des assaillants, les quelques survivants se rendent, se payant tout de même le luxe d'imposer leur conditions.

Ils auraient pu n'en faire qu'une bouchée de ces pauvres légionnaires, ces pauvres soldats souffrant de la fièvre jaunes... Mais ce ne fut pas le cas. Il y a eu une grande humanité de la part des mexicains puisqu'ils leur ont demandé toute la journée de se rendre. Ce qui est intéressant, c'est de voir, la naissance de l'esprit de sacrifice et de l'honneur chez les légionnaires, mais aussi la même chose chez les mexicains. Quand les français ont imposé leurs conditions de reddition la réponse des mexicains fut extraordinaire : "on ne refuse rien à des hommes comme vous" dirent-ils ».

I. Le Porfiriato

La présidence de Porfirio Díaz, est également connue sous le nom de *Porfiriato*. Ce régime dura environ trente ans de 1876 à 1910, bien que Díaz eût déclaré avant d'arriver au pouvoir qu'il était opposé aux réélections. Díaz encouragea les investissements étrangers, il s'appuya aussi sur les conseils des Positivistes connus sous le nom de *cientificos*. Les mouvements sociaux furent parfois durement réprimés, comme par exemple lors des grèves des ouvriers du textile à Rio Blanco, dans l'État de Veracruz. Le pays fit durant cette période de grands progrès et se modernisa rapidement. Porfirio Diaz inaugura le monument de l'indépendance et l'hémicycle a Benito Juárez et le 15 septembre 1910 (centenaire de l'indépendance du Mexique) tout le centre de Mexico est illuminé ainsi que la cathédrale. Le gouvernement du Mexique invita des représentants du monde entier à ces festivités.

Porfirio Díaz, au pouvoir depuis une trentaine d'années, voulait à nouveau se représenter à l'élection présidentielle de 1910, mais Francisco Madero annonça aussi sa candidature. Díaz fit emprisonner Madero, puis le relâcha. Les autorités déclarèrent que Díaz avait gagné les élections, haut la main et que Madero n'avait recueilli que quelques centaines de voix à travers tout le pays. De nombreuses personnes estimèrent qu'il y avait eu une fraude flagrante dans les élections et se rebellèrent. Ainsi débuta la Guerre civile mexicaine, aussi appelée révolution mexicaine.

Madero prépara le Plan de San Luis Potosi, document dans lequel il demandait aux Mexicains de prendre les armes contre les autorités. Parmi les meneurs des mouvements armés se trouvaient Francisco Madero, Pascual Orozco, Francisco Villa et Emiliano Zapata.

En 1928, est fondé le PNR (Parti national révolutionnaire), qui deviendra le PRM (parti révolutionnaire mexicain) en 1938 puis le PRI (parti révolutionnaire institutionnel) en 1946. Ce parti prend le pouvoir en 1929 et le gardera jusqu'en 2000.

À la fin des années 1920, en raison à la fois des mesures anticléricales, découlant de l'application de la Constitution mexicaine de 1917 par le président Plutarco Elías Calles, la Guerre des Cristeros oppose les troupes gouvernementales issues de la Révolution aux militants catholiques conservateurs.

2. La révolte des Cristéros, une guerre de Vendée

En 1927, le gouvernement a grossièrement sous-estimé les sentiments religieux des mexicains, imaginant les campagnes à l'égal des villes où les hommes qui comptent sont francs-maçons et où la religion n'est plus qu'une « affaire de bonnes femmes ». Quant à l'église, elle est tout surprise de cette révolte, car elle a toujours prêché la résistance passive, et en aucun cas la violence armée.

Du côté des « Cristéros » (ainsi nommés à Mexico car il ne cesse d'invoquer le Christ-Roi) on s'organise et on se cherche un chef. Le général Enrique Gorostieta, officier de carrière en demi-solde sera désigné à la tête d'une pareille croisade. Libéral, franc-maçon, il ne partage aucunement la fois des « cristéros » mais, dégouté par les hommes au pouvoir, il a quitté l'armée. Gorostieta structure son armée en divisions, brigades, régiments et restaure la discipline chez ces soldats-paysans. La grande originalité des « Cristéros » est d'être de simples fidèles qui agissent malgré et parfois contre le clergé. La hiérarchie épiscopale prend ses distances et ordonnant à ses curés de se replier sur la capitale et refusant aux « Cristérios » le secours des aumôniers. Ils ne seront qu'une poignée de prêtres à passer outre, deux d'entre eux deviendront généraux de la « Chistiade », le père Aristéo Pédroza dans la région des Altos de Jalisco. Il commande une brigade, sorte de moine-soldat, il sera par ses hommes comme un saint. Le deuxième, le père José Véga est connu au contraire pour son penchant pour les femmes et la boisson.

Pauvres en armement, les « Christéros » mettent pourtant en échec l'armée fédérale. Ils organisent des actions terroristes : attaque de train, tentative d'assassinat sur le président Obregon par la jetée d'une bombe sur sa voiture ect... La lutte fait rage pendant une année.

3. L'assassinat du générale Obrégon

En 1928, le successeur de Callés à la présidence de la République, le général Alvaro Obregón sera assassiné par un fanatique catholique. Le 17 Juillet 1928, alors qu'il préside un banquet au restaurant la « la Bombilla » à Mexico, un jeune étudiant catholique, José de Léon Toral, parvient à s'approcher et lui décharge son révolver dans la tête.

Le 2 Juin 1929, Gorostieta meurt au combat. Le 9 Février 1929, l'assassin d'Obrégon est exécuté, il est vénéré comme un saint par les catholiques. « Viva Cristo-Rey ! Viva la Virgen de Guadalupé ! », Crient les insurgés. « Viva el démonio ! » répliquent les fédéraux. Il s'en suivra ensuite une répression féroce, fusillade des « cristéros », des calvaires et des crucifix. Tout cela émaillé d'atrocités. La violence, toujours la violence.

4. Nationalisation du pétrole : PEMEX !

En 1938, le président Lázaro Cárdenas nationalisa la production de pétrole en créant "Pemex" (Petróleos Mexicanos). À la fin de la Guerre civile espagnole, le gouvernement mexicain offrit l'asile aux opposants à Francisco Franco.

La mise en place d'un système assimilé au Corporatisme mexicain qui fortement lié à la société civile mexicaine, aux syndicats et aux entreprises, permit au parti d'assurer la pérennité et le progrès de la Nation durant 70 ans.

Le 2 juin 1942, sous le gouvernement de Manuel Ávila Camacho, le Mexique entra dans la Seconde Guerre mondiale aux côtés des Alliés en déclarant la guerre à l'Allemagne, suite au refus de l'Allemagne de payer des dommages et intérêts pour avoir coulé deux navires mexicains en mai 1942. L'aviation mexicaine (escadrille 201) participa à la Guerre en Asie et dans le Pacifique.

Carlos Salinas de Gortari, candidat du Parti révolutionnaire institutionnel, remporta l'élection présidentielle de 1988 contre le candidat du PMS (Parti Mexicain Socialiste) Cuauhtémoc Cárdenas. Dans le but de réduire les doutes et les contestations électorales, habituelles au Mexique, L'Instituto Fédéral Electoral *fut créée au début des années 1990 pour organiser les élections et en assurer le bon déroulement.*

La campagne électorale de 1994 fut marquée par l'assassinat de Luis Donaldo Colosio.

L'année 1994, fut également marquée par plusieurs évènements. D'une part, l'ALENA, accord de libre-échange entre les trois pays d'Amérique du Nord, entra en vigueur le 1er janvier, d'autre part, une récession temporaire entraina une Dévaluation du peso mexicain. En outre, Ernesto Zedillo succéda à Carlos Salinas de Gortari à la Liste des présidents du Mexique.

Des élections présidentielles et législatives eurent lieu le 2 juillet 2000. Vicente Fox Quesada, membre du PAN (Parti d'Action National), remporta l'élection présidentielle et devint le premier Présidents du Mexique n'appartenant pas au Parti révolutionnaire institutionnel depuis plus de 70 ans. En effet, Vicente Fox avait recueilli 43 % des voix, alors que Francisco Labastida (PRI) obtenait 37 % des suffrages et Cuauhtémoc Cárdenas 17 % (Parti de la Révolution Démocratique), le PRI et le PRD sont membres de l'Internationale socialiste.

Le PRI a obtenu 209 sièges à la Chambre des députés et 60 au Sénat, le PAN 208 et 46, le PRD 51 et 15.

Chapitre sept
Les femmes et la révolution

Le célèbre adage du poète français Gabriel-Marie Legouvé affirme que derrière chaque grand homme se cache une femme. Cette citation résume à merveille la Révolution Mexicaine puisque derrière les mythiques héros tel que Villa ou Zapata des centaines de femmes ont aidé et combattu. La date anniversaire du début de la Révolution est officiellement fixée au 20 novembre 1910, voici un bref portrait de ces femmes méconnues.

1. La femme mexicaine durant l'époque porfirienne

L'époque porfirienne, fut une époque où la femme bourgeoise devait par convention sociale suivre les modes et dictats sociaux européens. Elle était donc reléguée aux fonctions mondaines, ne s'occupant que de ses toilettes ou du foyer. La femme modeste quant à elle contribuait activement à la subsistance de sa famille, en occupant bien sûr des fonctions très conservatrices et en accord avec les principes de l'Église catholique. On peut donc dire que la femme mexicaine n'avait pas plus de droits et de privilèges que ses semblables des autres pays du globe. La révolution mexicaine, guerre civile mettant fin à la dictature provoqua un début de revendications de droits pour le sexe féminin.

2. Les femmes soldats de la Révolution Mexicaine

Malgré ce que l'on peut croire la participation des femmes dans la révolution toucha l'ensemble des classes sociales, des paysans extrêmement défavorisés aux classes bourgeoises et intellectuelles. Ainsi après l'éclatement du conflit, les filles, épouses, mères etc. furent extrêmement nom-breuses à suivre les membres masculins de leurs familles. Les vagues de recrutement des forces de Villa ou de Zapata furent donc composées en grande partie par ces femmes courageuses qui laissèrent la vie quotidienne afin d'accompagner les soldats et qui tinrent les rôles d'infirmières, de cuisinières, d'espionnes, de véhicule de propagande et furent en charge de la surveillance des dépôts d'armes, de l'envoi de télégraphe ou de la coordination des trains saisis par les révolutionnaires. En plus de ces fonctions certaines combattirent activement lors des conflits armés.

L'image de cette femme soldate, armée, et portant le chapeau est généralement connu sous le nom d'Adélita dans la culture populaire mexicaine. Ce nom viendrait d'Adela Velarda Pérez, ayant servi dans les troupes de la *Division du Nord* de Pancho Villa. Une chanson très connue du répertoire mexicain est d'ailleurs nommée Adelita en hommage à son courage exemplaire.

3. Période post-révolutionnaire: revendication de droits pour les femmes

Cette participation active des femmes dans la révolution et la tenue de fonctions peu conventionnelles pour l'époque provoqua un mouvement de revendication pendant et après la révolution. Ainsi quelques années avant 1920, les premiers congrès féministes eurent lieu au Tabasco et au Yucatan. Certaine lois telles que la loi sur le divorce de 1914 ou la loi des relations familiales de 1917 établirent l'égalité légale entre la femme et l'homme au foyer. Bien que beaucoup restait à faire, la participation active à la création du Secrétariat d'Éducation Publique et au conseil des femmes mexicaines furent sans aucun doute de grands pas vers une égalité réelle, vers une reconnaissance de l'immense contribution des femmes, piliers de la société mexicaine. Nous saluons donc à l'occasion du centenaire de la Révolution, le rôle crucial qu'elles jouèrent dans la création d'une République Mexicaine moderne et démocratique.

Le célèbre adage du poète français Gabriel-Marie Legouvé affirme que derrière chaque grand homme se cache une femme. Cette citation résume à merveille la Révolution Mexicaine puisque derrière les mythiques héros tel que Villa ou Zapata des centaines de femmes ont aidé et combattu.

Nous vous proposons pour la date anniversaire du début de la Révolution, officiellement fixée au 20 novembre 1910, un bref portrait de ces femmes méconnues.

4. La femme mexicaine durant l'époque porfirienne

L'époque porfirienne, fut une époque où la femme bourgeoise devait par convention sociale suivre les modes et diktats sociaux européens. Elle était donc reléguée aux fonctions mondaines, ne s'occupant que de ses toilettes ou du foyer. La femme modeste quant à elle contribuait activement à la subsistance de sa famille, en occupant bien sûr des fonctions très conservatrices et en accord avec les principes de l'Église catholique.

On peut donc dire que la femme mexicaine n'avait pas plus de droits et de privilèges que ses semblables des autres pays du globe. La révolution mexicaine, guerre civile mettant fin à la dictature provoqua un début de revendications de droits pour le sexe féminin.

5. Les Soldaderas à l'honneur à la maison des Amériques

Sans la participation active des « soldaderas », littéralement, les femmes à soldes, Emiliano Zapata et Pancho Villa, les leaders charismatiques de cette lutte armée au Mexique, ne seraient pas arrivés au bout de leurs ambitions. C'est l'épopée de ces milliers de femmes, engagées volontaires pour certaines, enrôlées de force pour d'autres, que la

Maison des Amériques Latines met à l'honneur dans une exposition de photos en noir et blanc. Un témoignage précieux, provenant des archives Casasola, du nom de la famille fondatrice de la première agence de photo journalisme d'Amérique latine. A eux seuls, Agustin Casasola, son frère Miguel et son fils Gustavo, réussiront à constituer une réserve de plus de 450000 tirages, retraçant l'histoire du Mexique de 1900 à 1970.

Ce voyage dans le temps, à la découverte des soldaderas de la révolution mexicaine, démarre par une rencontre sur un quai de gare. « Femmes descendant d'un train », que l'on peut admirer dans la première salle de l'exposition est une photo devenue un symbole. Celui d'une vie d'errance à travers le Mexique, au gré de l'avancée des révolutionnaires.

Qui étaient-elles réellement ? Quel rôle jouaient-elles au sein de l'armée ? Pour le savoir, il faut suivre le fil de ces photos, véritable reportage qui nous révèle l'histoire et l'origine sociologique de ces héroïnes si particulières. On y apprend donc que les soldaderas, terme générique pour désigner toutes les femmes-soldats de l'époque révolution-naire mexicaine, se subdivisaient en plusieurs catégories. Il y avait les célèbres « cucarachas », galvaudées par le film éponyme du réalisateur mexicain, Ismael Rodriguez. Ces femmes choisissaient de suivre leurs maris sur le front, avec leurs enfants sous le bras. Miguel Casasola les a immorta-lisées, dans un magnifique cliché en clair-obscur où elles apparaissent, immobiles et silencieuses, attendant leurs maris devant une caserne.

6. Beauté esthétique

Mais leur rôle ne se cantonnait pas à seconder leurs époux. D'autres images les montrent, posant fièrement avec leurs fusils aux bras et leurs ceintures de cartouches en travers de la poitrine. Et que dire de ce cliché pris par

Agustin Casasola montrant une femme touchée au bras, image emblématique de la situation sans équivoque de certaines soldaderas au sein de l'armée révolutionnaire. Tout comme n'importe lequel de leurs camarades masculins, elles se battaient. Et comme n'importe quel combattant, elles pouvaient se blesser ou y laisser leur vie.

Certaines soldadéras sont même parvenues au sommet de la hiérarchie militaire, en accédant aux postes de « coronelas » (colonelles) ou « générales », à l'image d'une Juana Ramona, d'une Petra Ruiz ou d'une Carmen Serdan dont l'exposition montre un portrait.

Mais loin du firmament de ces femmes-soldats célèbres, se rassemblaient des milliers de femmes anonymes, formant le contingent des révolutionnaires. Les « adelitas » regroupaient ainsi toutes celles qui ont été réclamées en tribut par les révolutionnaires à chaque ville assiégée délivrée, celles enlevées dans les villages indiens ou tout simplement celles qui ont été vendues par leurs familles. Cette catégorie de soldaderas servaient à la fois d'esclaves sexuelles pour réchauffer les couches des soldats fourbus, de cuisinières corvéables pour la garnison, ou bien pour les plus chanceuses, de guérisseuses et infirmières si elles maîtrisaient la science des plantes.

Outre leur intérêt historique, ces clichés interpellent par leur beauté esthétique. Portraits, scènes de la vie militaire, processions et meetings… Le temps semble suspendu au-dessus de ces soldaderas et leurs enfants assis sur le toit d'un wagon de train, de cette cantinière en train de cuisiner sur un quai de gare, ou de cette guérisseuse qui prépare ses plantes pour soigner les soldats.

Cette photo a la vertu de raconter la vie réelle des soldaderas de la révolution mexicaine. Une existence éloignée de l'imaginaire et du fantasme des cinéastes et des musiciens, mais bien plus proche de la vérité historique.

Voilà ce qu'écrit le romancier Vincente Blasco Ibañez des « soldadéras » dans son ouvrage « La révolution mexicaine et la dictature militaire » en 1923.

Les « soldadéras », les femmes soldats, étaient aussi surnommés « galletas» (galettes), ces femmes étaient d'une fidélité inébranlable envers leur hommes, mais elles n'hésitaient pas à s'unir à un autre quand le précédent venait à mourir ou quand il l'a répugnait.

Que peut faire dans ce monde tourmenté la pauvre « soldadera » sans un soldat ? Ni l'amour, ni la beauté n'influent dans ces sortes d'unions. Ce qu'on apprécie dans la femme, c'est son habileté à trouver les provisions et à les préparer, sa résistance au travail et à la fatigue. Les morts léguaient leurs compagnes à leurs camarades vivants…

C'est pendant la guerre, en rase campagne, que la « soldadéra » donne des preuves évidentes de toute son abnégation, de tout pouvoir de résistance. Nombreux sont les chefs mexicains qui ont tenté de la supprimer, mais toujours ils ont fini par transiger avec elle et par chercher même son appui.

Car comment assurer les services administratifs et sanitaires qui n'existent pas ? Comment renouveler les approvisionnements en vivres et munitions ? Comment soigner les soldats ?... si l'on n'avait pas sous la main la vaillante « soldadéra » ? C'est elle qui assure les services de l'intendance et des hôpitaux de campagne, inexistants dans l'armée mexicaine. Elle porte non seulement secours à son compagnon blessé, mais elle soigne également le chef.

Pendant la marche, les « soldadéras » vont en avant-garde, elles précèdent la troupe de plusieurs kilomètres pour que « l'homme » en arrivant à l'étape trouve les feux allumés et le repas préparé. Hameaux et villages redoutent, plus que les soldats eux-mêmes, les « soldadéras ». Bien que le soldat mexicain ne professe pas grand respect pour la vie et les biens d'autrui, sa compagne le dépasse de beaucoup dans l'art du pillage en règle.

Les « soldadéras » infatigables cheminent des journées entières, un enfant à chaque main, un autre invisible qui attend l'occasion de naître à la face du ciel, et comme si cela n'était pas assez, toutes portent sur la tête le ballot des couvertures enroulées que surmonte la plupart du temps un perroquet multicolore. Et ces femmes, qui semblent si embarrassées de tous ces impédimenta encombrants, sont beaucoup plus à craindre que leurs compagnons. Par où elles passent, il ne reste plus un fruit sur les arbres, plus un légume dans les jardins, plus un poulet dans les basses courts, plus un porc dans son étable. Elles s'emparent de tout et elles les poussent devant-elles, ne laissant derrière qu'une terre aussi déserte que les régions ravagés par les passages de sauterelles.

« Aujourd'hui, donde estan las adelitas ? »

Où sont les « adelitas » s'interroge Maria Inès Ochoa. Par « adelitas », diminutif d'Adela, il faut comprendre ces femmes qui ont porté la révolution mexicaine de 1910, celle de Zapata et Pancho Villa.

Oui, que sont devenues les adelitas, les révolutionnaires mexicaines, héroïnes parmi les héros ? À l'heure où Ciudad Juarez, la cité aux 500 femmes assassinées devient une ville fantôme, à l'heure où les disparitions d'ouvrières dans les maquiladoras se multiplient entre Guanajuato et la frontière avec les États-Unis, Maria Inès Ochoa chante le sort de ses sœurs mexicaines.

On est toutes des guerrilleras. Finalement, l'ennemi intérieur, c'est nous-mêmes. Pourtant, on le sait, les femmes furent un des piliers de la révolution mexicaine », raconte la jeune femme.

Le Mexique célèbre le centenaire de sa révolution. Les moustachus Pancho Villa et Emiliano Zapata seront à l'honneur, mais également « Las Adelitas », ces femmes qui ont pris les armes avec les révolutionnaires et propulsé la gente féminine au premier rang de la lutte politique. Cent ans plus tard, où sont passées les Mexicaines? Car si les Latino-Américaines accèdent aujourd'hui aux plus hauts échelons du pouvoir au Brésil, en Argentine ou au Chili, la scène politique mexicaine reste accaparée par les hommes, explique notre collaboratrice.

Pour elles, on a inventé le terme de soldaderas: les soldates. Mais elles ont perduré dans la mémoire des Mexicains sous le nom d'Adelitas. Ces femmes, qui ont combattu aux côtés de Pancho Villa et Emiliano Zapata lors du soulèvement populaire qui a éclaté le 20 novembre 1910

contre la dictature de Porfirio Diaz, incarnent la révolution mexicaine au féminin. Les Adelitas étaient des femmes révolutionnaires qui accompagnaient les troupes:
- Cuisinières, infirmières, messagères et soldates.

Certaines d'entre elles, comme les zapatistes Amelia « La Güera » Robles ou Rosa Bobadilla, ont atteint le grade de colonel. Aujourd'hui encore, elles sont considérées comme des pionnières dans la lutte des femmes pour accéder au pouvoir, mêmes si elles adoptaient parfois une apparence masculine pour se faire accepter.

Dans l'histoire du Mexique, seule quatre femmes ont été candidates à la présidence et aucune n'avait réellement de chances de l'emporter. La plus célèbre reste la militante d'extrême-gauche Rosario Ibarra, aujourd'hui sénatrice à 83 ans. Ceux qui estiment que les femmes ont accompli une belle percée en politique citent le cas de Beatriz Paredes, actuelle présidente du Parti révolutionnaire institutionnel (PRI), la première force politique. « Mais c'est l'exception qui confirme la règle », juge l'analyste et homme politique Mario Luis Fuentes.

« Bien souvent, les femmes ne subissent pas mais orchestrent la discrimination à leur encontre. Les femmes mexicaines sont extrêmement conservatrices », analyse Fernanda Somuano, politologue à l'institut universitaire Collège de Mexico. « e pense que les femmes se sont auto marginalisées de la vie politique, en se convainquant que leur place était à la maison. »

Les Adelitas, ces femmes qui prenaient les armes, sont loin...

Quelques phrases anecdotiques que j'ai
recueillies pendant mes séjours au Méxique,
je les appellerais : « Mes petites pépites ».

Quelques histoires vraies, qui m'ont été contées par une mexicaine

Pendant une quinzaine de jours, trois professeures mexicaines sont venues chez nous pour un échange inter culturel avec leurs élèves à la ville de Lisses. Elizabeth, une des professeures mexicaines, apprenant que j'écrivais un livre sur la révolution mexicaine, me raconta une histoire qui était arrivée à sa grand-mère pendant cette période tumultueuse.

« Emiliano Zapata avait enrôlé de force son fils dans la région de Yautepec en Morélos, comme il le faisait dans d'autre région avec d'autres enfants, afin de renforcer son armée. Cette courageuse « madré Maria » (maman maria) pas contente qu'on lui prenne son fils, prit le train de Yautepec, ville de la région de Morelos, pour se rendre à la caserne de recrutement à Mexico DF, là où se trouvait Zapata.

Dans le brouhaha de cette foule bigarrée aux senteurs d'épices, où les femmes, les hommes et les enfants, habillés soit en militaires ou bien en tenue paysanne écoutaient avec ferveur leur chef révolutionnaire. La « Madré Maria », vit l'impressionnant homme à la moustache qui haranguait tous ce beau monde. Faisant fi de tous protocoles, elle se mit devant lui, les mains bien posées sur les hanches et désignant son fils d'un regard acide, elle lui parla d'une voix forte, montrant par-là même qu'elle n'avait pas peur de lui et de ses soldats. Elle exigeait qu'on lui rende son fils et immédiatement.

Emiliano, pas question que tu amènes mon fils à la révolution. Mon homme est parti se battre, j'ai besoin de mon garçon pour travailler la terre.

Cela avait été dit d'une façon péremptoire, claire et directe, puis prenant son fils par la main, elle traversa cette nuée de soldats, la tête haute, un silence c'était fait autour d'elle. Telle une « Adélita » elle sorti de la caserne s'en problème, même Emilio Zapata avec sa stature d'homme fort de la révolution, ne broncha pas ».

* * *

Elizabeth était en verve d'anecdotes sur la période de la révolution Mexicaine et elle me narra des petites histoires que lui avait dite sa grand-mère, des « pépites » en quelque sorte. En voici quelques-unes.

« Pendant la révolution, souvent les familles partaient se battre et laissaient à l'abandon leur maison, et bien sûr comme toujours en ces cas-là, la nature n'aimant pas le vide, une autre famille venait y habiter et commençait une autre vie. Mais quelques temps plus tard, l'autre famille, revenant de la révolution, eut la surprise de trouver leur maison occupée, ils voulurent reprendre leur bien et il s'ensuivit une lutte de reconquête.

La « madré Maria » encore une fois dû intervenir et avec sa force, sa détermination et son courage, elle mit dehors cette famille. Et devant cette attitude énergique, avec son regard d'acier et sa force de maîtresse femme, les squatteurs durent quitter immédiatement les lieux. Encore une fois, c'est une femme qui dut intervenir, son mari qui normalement en tant que patriarche de la famille aurait dû bouger cette famille intruse, n'eut aucune réaction. Les femmes de cette époque étaient des « Adélitas » pure et dure...

Encore une autre d'histoire qui montrait la force des femmes pendant la révolution. Elizabeth, assistée de Michelle et de Cruz, commencèrent à parler et moi j'écrivais…

* * *

Un jour, Zapata accompagné de ses Zapatistes arrivèrent à la maison des femmes du village, toujours à la recherche de soldaderas. Il apostropha les femmes qui étaient occupées à leurs tâches ménagères.

- Je prends toutes les femmes ici présente avec moi, laissez tomber votre travail et suivez-moi, j'ai besoin de vous pour aller faire la révolution.

Les femmes dans un ensemble parfait, intervinrent :

- Sauf la grand-mère qui doit rester ici, par respect à son âge elle ne doit pas venir avec nous.

La « madré Maria » intervint encore une fois et de sa verve coutumière, avec un sourire ironique sur les lèvres, elle répondit en se tournant vers Zapata :

- Écoute ! Tu as dit toute les femmes, donc je pars avec vous ! »

Et en maitresse femme qu'elle était, elle se mit parmi les autres, les toisant d'une façon hautaine.

- Dites donc les filles, la grand-mère n'est pas gâteuse, elle peut encore servir, leur dit-elle sarcastiquement.

* * *

- Ecoute, Gérard j'ai encore une autre histoire me dit Elizabeth.

Et ma plume bien légère mais fatiguée se mit à noircir ma feuille de papier qui n'attendait que ça, sous le regard rayonnant d'Elizabeth bien en verve.

* * *

Pendant la révolution, beaucoup de femmes partaient se battre et d'autre restaient chez elles. Celles qui partaient, laissaient tout derrière elles, sauf une chose importante qui ne les quittait jamais. Elles n'emmenaient simplement que leur « chilpayate » (enfant) qu'elles portaient sur le dos soutenu par un rebozo (sorte de grand foulard) et dans une main, elles tenaient un fusil. Je vous laisse imaginer la scène de ces femmes, de ces Adelitas. Un bébé dans le dos et un fusil dans une main… »

Chapitre huit
Le train et la révolution

1. Les chemins de fer vont jouer un rôle essentiel dans les batailles

La guerre ferroviaire. Les trains ont joué un rôle essentiel dans la guerre civile mexicaine, non seulement pour l'acheminement des troupes, mais dans les combats eux-mêmes. Tandis que l'armée fédérale possède des wagons blindés, les Zapatistes dont les moyens sont limités se contentent d'attaquer les trains ou de faire sauter les voies, Villa intègre les chemins de fer dans sa propre stratégie, parvenant à capturer des trains entiers et à les utiliser pour son propre compte. A l'exemple des généraux de la première guerre mondiale, il installe un quartier général roulant, dirigeant les opérations depuis son wagon-salon. Moins exposées, les femmes sont également enrôlées dans la guerre ferroviaire.

Indispensables pour le transport des troupes, les trains de troupes étaient également vulnérables avec leurs wagons surchargés et leurs toits encombrés d'hommes et de femmes. Il était relativement facile de les faire dérailler ou de les attaquer. « Pour les mexicains, il n'est pas nécessaire de faire partie du personnel des chemins de fer pour couper une voie ferrée. Faire sauter un train avec de la dynamite ou détruire rapidement les rails sur une douzaine de kilomètres est, après dix ans de révolution, devenu un art national à la portée de tous. » Ecrit Blasco Ibanez en 1920.

2. La construction des chemins de fer: Un symbole de modernité

En 1830, la première ligne de chemin de fer interurbaine du monde voit le jour en Angleterre et relie les villes de Manchester et Liverpool. Le Mexique entre dans la course en octroyant les premières concessions de construction en 1837 sous le gouvernement de Bustamante. Toutefois ce n'est qu'en janvier 1873 que la première ligne est inaugurée, reliant la ville de Mexico au port de Veracruz. Néanmoins, il faudra attendre la dictature de Porfirio Diaz pour que le développement ferroviaire prenne son envol. Ainsi, durant sa dictature, le réseau passa d'environ 600 à 20.000 kilomètres de voies ferrées. En 1908, quelques années avant la révolution, la première entreprise nationale est créée.

3. Le train: Un élément crucial pour les révolutionnaires

« Des centaines de trains de la division Nord,
Sous un panache de fumée épaisse,
Avançaient sur Zacatécas
Avec l'énigmatique Pancho Villa. »

Porfirio Diaz ne se doutait sûrement pas que ce moyen de transport allait grandement jouer en faveur des révolutionnaires lors du terrible conflit armé suivant sa dictature. En effet, la saisie des voies ferrées par les forces révolutionnaires, notamment par la *Division du Nord* de Francisco Villa aida grandement au transport des troupes, des armes et des butins saisis afin de financer l'insurrection. Bien qu'il y ait eu durant la révolution une certaine continuation dans la construction, le sabotage des lignes de la part des différents partis affecta profondément l'efficace réseau mis au point lors de la dictature porfirienne.

Sans les voies ferrées, les révolutionnaires auraient sans aucun doute eu beaucoup de difficulté à parcourir d'immenses distances, chargés des vivres et des munitions C'est pourquoi le train est aujourd'hui fortement associé à l'entreprise des insurgés et représente un symbole puissant de ce mythique conflit.

4. La bataille de Celaya

Les combats se déroulent le long de la ligne de chemin de fer Chihuahua-Mexico et c'est en train blindé que de part et d'autres on s'achemine vers le front. Le premier choc se produit du 7 au 13 Avril 1915 à Célaya, à seulement cent cinquante kilomètres au nord de Mexico. Villa s'est jeté au-devant de son adversaire dont il compte ne faire qu'une bouchée de pain. Sans attendre Félipé Angelés, dont l'artillerie est encore à trois jours de là, il lance sa cavalerie... et subit une défaite qui le déconcerte.

Que s'est-il passé ?

Simplement que nous sommes en 1915 et que, depuis huit mois, la guerre fait rage en Europe.

5. Période post-révolutionnaire: déclin et disparition

Les conflits, l'instabilité politique et un budget national très restreint caractérisèrent les années suivant la Révolution et affectèrent profondément les investissements reliées aux infrastructures. Le développement du réseau continua donc, mais de façon très modeste. Étant le principal moyen de transport des marchandises et des classes populaires, le système fut nationalisé par Lazaro Cardenas en 1937.

On peut donc affirmer malgré leur importance que le déclin des chemins de fer au Mexique débuta dès la fin de la Révolution. Sous le gouvernement de Zedillo durant les années 90, les compagnies ferroviaires furent re-privatisées et les lignes cessèrent toute forme de transport de passagers en 1997, à l'exception de quelques lignes touristiques tel que **le Chépé**, magnifique voie reliant le Chihuahua au Pacifique, en passant par le canyon du cuivre, un voyage au bord du précipice.

Il est donc déplorable de constater que cet important outil et symbole mexicain est tombé aujourd'hui dans un état de désuétude.

Chapitre neuf
Les figures emblématiques de la révolution

1. Morelos, une enfance modeste

Jose Maria Morelos y Pavon est né à Valladolid (actuelle ville de Morelia) en 1765. Si à cette époque la ville de Valladolid est l'une des plus prospères du pays, la famille de Jose Maria Morelos est quant à elle modeste. En effet son père, charpentier de profession abandonnera sa mère et partira plusieurs années en compagnie de son fils ainé, ne laissant au jeune Jose Maria que peu d'option, celui ci doit rapidement travailler. Il trouve un emploi dans le ranch de son oncle et si l'on en croit les spécialistes, sa cicatrice sur le nez si caractéristique daterait de cette époque et aurait été causée par un taureau. Jusqu'à l'âge de vingt-cinq ans Morelos travaillera la terre et rien ne le prédestine au grand destin et au grand rôle qu'il jouera durant la révolution. Tout s'enclenche néanmoins lorsqu'en 1790 il entre au séminaire.

Une carrière ecclésiastique sous l'influence du curé Hidalgo

A partir de 1790, Morelos a enfin la possibilité d'étudier et en rentrant au séminaire, il réalise l'un des vœux les plus chers de sa mère. C'est au collège San Nicolas qu'il fera la connaissance de celui qui sera quelques années plus tard l'un des plus grands leaders de l'indépendance : Miguel Hidalgo. La carrière ecclésiastique de Morelos va bon train et ses deux premiers enfants illégitimes (il en aura deux de plus durant la guerre) ne semblent pas devoir stopper son ascension. Durant la guerre d'indépendance d'Espagne Morelos affirme dans le plus pur esprit conservateur son soutien à la couronne. En octobre 1810 cependant, Morelos apprend l'existence du soulèvement mené par le curé Miguel Hidalgo qu'il a connu durant ses études et décide de le rencontrer. Le 20 octobre, Morelos accepte la mission qui va changer sa vie: aller au sud, réunir des troupes et prendre possession du port d'Acapulco, site hautement stratégique.

De 1810 à 1815, en à peine cinq ans, Morelos fut capable de mener à terme quatre campagnes et établir un projet administratif et politique novateur. Les historiens le décrivent comme un véritable stratège capable de mener à bien une bataille en étant largement en sous-effectif. Lorsque Miguel Hidalgo meurt en 1811 c'est dans les faits Morelos qui se transformera en véritable leader du mouvement. Il fut l'initiateur de réformes politiques et sociales majeures comme l'abolition de l'esclavage et des castes dès 1810. En 1814 Morelos instaure le congrès de Chilpancingo qui sera à l'origine de la Constitution de 1814, novatrice, même si Morelos disait lui-même dès ses débuts qu'elle serait difficilement applicable. Cette constitution est basée sur le texte « los Sentimientos de la nación » écrit par Morelos lui-même et qui affirme l'indépendance du continent américain sous la loi divine. Morelos fut ainsi à la fois leader militaire et politique. Capturé, il sera fusillé à Ecatepec le 22 septembre 1815.

2. José de la Cruz Porfirio Díaz Mori

En cette année de 1910, Porfirio Díaz peut se réjouir, il peut prétendre sans problème à son huitième mandat de président de la République. Et malgré déjà 35 ans de règne, il n'a aucun rival crédible, aucun dauphin. Il faut dire que sous cette apparente prospérité qui a gagné le pays entier, en amenant le calme social et le retour à un certain espoir dans les classes populaires, le vieux dictateur tient le pouvoir d'une main de fer. Quasiment analphabète, il n'a eu qu'à supprimer ses opposants et à truquer les élections pour se succéder à lui-même sans soulever la moindre résistance. Certes, il y a bien eu ça et là des rébellions sporadiques comme à en 1907, dans le nord à Rio Blanco, mais faute de chef à la hauteur, elles ne se sont pas étendues. Il y a cependant au moins 200 morts parmi les ouvriers trop revendicatifs...

Le pouvoir a fait quadrillé tout le pays d'une police qui fait peur mais dont les moyens sont souvent rudimentaire : on les surnomme les « *rurales* ». Ce sont souvent de dangereux « *pistoleros* » (et parfois de même de vrais repris de justice !) plus que de vrais agents de l'ordre, mais la terreur qu'ils savent répandre dans la population suffit à en faire une bonne police pour Porfirio Díaz. Quant à l'armée régulière, elle est en piteux état. Sans guerre à se mettre sous la dent depuis quarante ans, l'armée s'est comme dissoute dans l'incompétence, la magouille et le mensonge. Personne ne sait combien d'hommes elle compte ! Les soldes destinés à des effectifs fantômes finissent souvent dans les poches des gradés qui entretenaient l'illusion par des chiffres inventés. Tout cela dirigé par des vieillards, Díaz (80 ans), Navarro (69 ans), Reyes (60 ans),... presque tous séniles et sans grands scrupules. Díaz est réélu en automne, de grandes fêtes sont organisées dans tout le pays, il peut célébrer le jour de l'Indépendance en toute confiance.

Ces festivités dans la capitale ne suffisent pas à dissimuler le mécontentement de la population. C'en est trop pour les plus extrémistes. Les plus virulents, dont un certain Francisco Madero, sont déjà largement marginalisés. Cependant, la révolte gronde et elle vient de la base, des paysans, des indiens et des femmes, qui n'a plus grand chose à perdre face à ce qu'ils peuvent gagner. Ils ne demandent que la terre sur laquelle ils pourront travailler. Le 20 novembre 1910, c'est le nord qui se soulève. Les hommes de l'armée fédérale sont attaqués, leurs armes dérobées, leurs chevaux réquisitionnés. Un nouveau mot apparaît : celui de *guérilla*. Pancho Villa et ses hommes prennent peu à peu possession des grandes plaines du nord. Zapata conduit ses troupes sous le cri de « *Terre et Liberté* ».

José de la Cruz Porfirio Díaz Mori est né dans la ville d'Oaxaca, d'une famille modeste le 15 septembre 1830. Il commence des études de droit mais échoue et s'engage dans l'armée dès l'âge de 16 ans. Il y fait toute sa carrière et ses nombreux succès militaires le hissent rapidement au rang de général et lui apportent l'admiration du peuple mexicain. Il lutte notamment au côté de Benito Juárez lors de l'intervention française où il sort de cette guerre en héros puisqu'il reprend la ville de Mexico-Puebla aux partisans de Maximilien de Habsbourg le 2 avril 1862. Fier de son succès et de son prestige, il rentre en rébellion contre Benito Juárez et accède à la présidence le 5 mai 1877 après le court mandat de Sébastian Lerdo de Tejada. Il s'empresse de supprimer le principe constitutionnel de la non-réélection, ce qui lui permet d'être réélu six fois de suite!

> "Pauvre Mexique, si loin de Dieu
> et si près des Etats-Unis"
> *(Porfirio Díaz, 1878)*

En 1877, commence le "*Porfiriato*", les quasi 34 années de dictature de Diaz, qui s'accompagne, bien sûr, de mesures autoritaires comme suppression des libertés publiques, censure de la presse, répression, ou encore la non-reconnaissance du statut des indigènes. Il favorise aussi la concentration des terres aux mains d'une minorité de propriétaires terriens. Il est cependant important de souligner des avancées majeures dans l'industrialisation, dans les infrastructures ferroviaires et portuaires, dans les constructions de routes et l'ouverture aux capitaux étrangers. Le pays connait une forte croissance économique mais à quel prix! Les gains de la croissance ne profitent qu'aux classes élevées. Mais, fier de cette ouverture au monde, voulant porter le Mexique au rang de puissance mondiale et surement quelque peu mégalomane, Diaz finira sa dictature en coups d'éclats avec les festivités de l'indépendance de 1910. Ce sont des fêtes gargantuesques qui sont organisées pendant 30 jours ou pas moins de 32 pays vont venir y assister.

Mais ce n'est que poudres aux yeux car quelques mois, c'est la débandade…

Après une trentaine d'années au pouvoir, Diaz se représente à l'élection présidentielle de 1910 mais Francisco Madero annonce aussi sa candidature. La fraude flagrante de ces élections, qui portent une nouvelle fois au pouvoir Díaz, ajoutés aux mouvements sociaux en faveur de la justice sociale menés par Hidalgo, Zapata et Villa entre autres, entrainent les premières rebellions qui déboucheront sur la Révolution Mexicaine. Après la prise de Cuidad Juarez en 1911 par les troupes de Francisco Villa, Diaz s'exile en Europe. Il meurt à Paris le 2 juillet 1915 où il est enterré au cimetière de Montparnasse.

L'épisode du jour, une fois n'est pas coutume, vaut surtout par ses extraits sonores qui illustrent de très belle manière le propos consacré à une révolution méconnue de ce côté-ci de l'atlantique: la Révolution Mexicaine.

Elle dura pratiquement 30 ans et fut sanglante.

Où l'on apprend que la chanson connue en France « la cucaracha » (la cuca-ra-cha, la cuca-ra-cha, etc…) est plutôt une chanson politique. En espagnol le mot « cucaracha » désigne une blatte, un cafard, mais aussi de la marijuana, c'est le surnom donné à Huerta par ses opposants militaires et politiciens mexicain, il a été président du Mexique, du 18 février 1913 au 14 juillet 1914.

Cette année-là, marque le centenaire de l'un des plus grands événements de l'histoire moderne. Le 20 novembre 1910, Francisco I. Madero dénonçait la fraude électorale orchestrée par le président Porfirio Díaz, et appelait à une insurrection nationale.

La Révolution Mexicaine commençait.

Pendant l'essentiel de son histoire, le Mexique avait été dominé par une petite élite qui se taillait la part du lion, pendant que la majorité de la population vivait dans une écrasante misère. L'opposition à Díaz émergea sous la direction de la bourgeoisie libérale, représentée par des individus tels que Madero. Mais le moteur réel de la révolution venait d'en bas. La classe ouvrière mexicaine, encore toute jeune, faisait ses premiers pas. D'importantes luttes secouèrent le pays, comme par exemple la grève des mineurs de Canaena. Sentant que le sol se dérobait sous ses pieds, le Général Díaz organisa des élections en 1910. Mais pour être certain de l'emporter, il jeta en prison son principal opposant, Madero.

Madero s'évada de prison et lança un appel à l'insurrection nationale. Mais pour être victorieuse, la lutte pour la démocratie devait se lier aux questions les plus urgentes qui agitaient la majorité de la population, c'est-à-dire la paysannerie. La lutte des paysans pour la terre était le moteur réel de la révolution. Les armées paysannes de Pancho Villa, dans le nord, et du dirigeant paysan Emiliano Zapata, dans le sud, harcelaient l'armée mexicaine.

3. Qui était Porfirio Diaz. Un président très francophile

Dans l'histoire politique mexicaine, la présidence du Général Porfirio Diaz, que l'on appelle Porfiriat, dénote par sa longévité exceptionnelle. Entre la prise de pouvoir du Général, en 1876, et sa démission, en 1911, trente-cinq années se sont écoulées. L'avis des historiens sur cette période diverge. Les uns s'attachent à souligner l'aspect dictatorial du régime et pointent la suppression des libertés publiques, la censure et la répression. Les autres mettent plus volontiers en exergue l'impression-nante expansion économique que connut le Mexique grâce à la politique d'ouverture au monde mise en place par le régime.

Le grand bénéficiaire de cette politique d'ouver-ture est la France, modèle absolu du président Diaz. Econo-miquement, il encourage l'implantation des français au Mexique, c'est le temps de l'arrivée des Barcelonnettes sur le territoire mexicain. Très vite, ils contrôleront le secteur textile, plusieurs grands magasins et se hisseront à la tête de plusieurs banques. Intellectuellement, les idées des penseurs français sont mises à l'honneur, celles du positiviste Auguste Comte servent ainsi d'appui théorique à l'administration et au gouvernement du pays. Artistiquement, Porfirio Diaz lance de grands travaux dans la capitale qu'il projette de modeler à l'image de Paris. Le palais national des Beaux-Arts s'inspire, par exemple, du style Art Nouveau, très en vogue dans la France d'alors.

4 Une autre analyse sur l'ère de Porfirio Diaz

« Le héros de la paix », le prodigue de la nature », « Tolstoï », Le premier artisan de la civilisation du XIX siècle » (par Cécil Rhodes), « le Moïse et le Josuée du Mexique » (Carnégie). Tous ces anathèmes qui lui ont été attribués n'empêchaient pas que les 33 ans de présidence se mourait lentement. On peut quand même dire qu'il a été, au début de son ère, un très bon président.

Son gouvernement était vieillissant et ne comportait que de vieux ministres. (83, 83, 79, 69, 65, 64 jusqu'à 56 ans, le cadet s'appelait José Yves Limantour). Même les gouverneurs tournent autour de 80 à 60 ans, la cour suprême à un président de 83 ans, et dans l'armée que des vieux aussi, le colonel avait 80 ans, les capitaines 70 ans et les lieutenants 65 ans.

La dernière décennie de P. Diaz s'écoulait paresseusement comme un fleuve tranquille, personne ne se hâtait car rien ne semblait exiger que l'on change de rythme.

La révolution se forgeait ailleurs, à New-York et en Europe. Limantour revient de Paris à N.Y où il négocie avec les Madéros. Les E.U jouèrent en faveur des révolutionnaires, Limantour, les « Cientificos » préfé-raient Madéro, en empêchant leur vieil ennemi : Reyes de rentrer à Mexico.

En 1910, Diaz refusait de reconduire le bail de la base navale américaine de Magdaléna, ce qui provoqua sa perte, les E.U aidèrent Madéro et demandait à Limantour de faire démissionner Diaz. Pendant ce temps-là, Ciudad Juarez fut pris par Orozco et P. Villa : une misérable bourgade poussiéreuse perdue sur la frontière mexicano-américaino à des milliers de kilomètres de Mexico, mais cela accéléra la chute de P. Diaz.

Les accords de Ciudad Juarez prévoyaient la démission de P. Díaz et de Madéro pour un gouvernement intérimaire contrôlé par le parlement en exercice et la préparation de nouvelles élections.

L'exil à Paris

En 1911, le régime porfirien est balayé par la révolution mexicaine qui contraint le président Diaz à la démission puis à l'exil. Francophilie oblige, Paris devient son Ile d'Elbe. Bien qu'il h. te un logement situé Avenue Foch, dans le très chic seizième arrondissement de Paris, le train de vie de l'ancien président mexicain est loin d'être fastueux, bien au contraire. Ses maigres rentrées d'argent ne lui permettent de louer qu'un étroit appartement comprenant deux petites chambres et une salle de séjour. Cette simplicité forcée se double d'un isolement plus ou moins volontaire: si peu de ses amis politiques vivant en France et en Europe se pressent Avenue Foch, de son côté, Porfirio Diaz a toujours refusé la fréquentation des cercles d'émigrés mexicains. Avec les années, cette solitude est accentuée par l'âge et l'usure qui le contraignent à limiter ses activités à une simple promenade quotidienne au bois de Boulogne. A ce sujet, il confiera à un journaliste du New York Times qu'il aimait particulièrement ce lieu parisien qui lui rappelait le bois de Chapultepec.

L'éternel exil au cimetière Montparnasse

A plusieurs reprises au cours de sa retraite française, Porfio Diaz avait émis le souhait de reposer à Oaxaca, sa ville natale. Ce ne fut possible ni à sa mort, en juillet 1915, ni par la suite, les multiples initiatives entreprises par sa famille à son décès sont restées vaines et les pétitions mises en circulation à intervalles réguliers par ses partisans sont toujours restées lettre morte. L'ancien chef d'État semble donc condamné à un éternel exil français. Sa sépulture, d'une simplicité égale à celle de sa vie parisienne, se trouve à Paris, au cimetière Montparnasse et attire chaque jour une petite dizaine de visiteurs. Parmi eux, beaucoup de mexicains, nostalgiques de l'époque porfirienne ou admirateurs de Porfirio Diaz. Ils viennent s'incliner sur sa tombe et y déposer un bouquet de fleurs, une image de la vierge de la Guadalupe ou encore une lettre rédigée à l'attention de leur grand homme.

Une anecdote sur Porfirio Diaz

Quand Porfirio Diaz quitta le Mexique, en prenant le bateau à Veracruz, il arriva à Calais où il fut reçu avec les honneurs dû à son rang d'ancien Président mexicain. Ils se rendirent sur la tombe de Napoléon, à la demande de Porfirio Diaz. Le militaire prit l'épée de Napoléon qui était accroché au mur, c'est l'épée qu'il porta à la bataille d'Austerlitz et le tendit à P. Diaz. .Le militaire lui demande de la toucher, la réponse de l'ancien président du Mexique fut instantané, « Je ne me sens pas digne de la toucher ». La réponse du militaire a été, « Vous vous trompez car vous êtes un homme digne de la toucher et je vous autorise à toucher cette épée ».

Il faut savoir que ce militaire français qui tendit l'épée à Porfitio Diaz est celui qui le combattit au Mexique à la bataille de Puébla le 5 Mai, bataille que les français perdirent. Chaque année, à la date du 5 Mai, le Mexique organise une grande fête dans cette ville.

5. Francisco Madero, un président libéral, moderne

Madero, le Léon Blum mexicain,
Le disciple de Tolstoï

Le pouvoir vacille même s'il n'en donne pas l'impression et les appétits s'aiguisent. Mais il faut quelqu'un de crédible : pas compromis avec le pouvoir en place, mais suffisamment respectable pour pouvoir assurer la conduite d'un nouveau gouvernement. Francisco Madero semble être cet homme. Après son exil aux Etats-Unis, il rentre au Mexique le 14 février 1911. Il a le soutien des Américains : ils jugent eux-mêmes le pouvoir en place trop archaïque et souhaitent une transition le plus vite possible, en sachant que la tâche sera très difficile.

Madero est un libéral, un moderne, cultivé et respecté..., il est surtout mexicain. Le 20 mai, Madero signe un armistice avec un Porfirio Diaz totalement fini : c'est à lui de partir en exil, en Europe, où il vivra encore quelques années. Madero accède enfin à la présidence après l'élection enfin démocratique du 6 novembre 1911. Elles lui donnent 90% des voix. Díaz s'enfuit et prend un navire à Veracruz pour trouver refuge en Europe, à Paris, où il mourra en 1915. Les révolutionnaires sont arrivés au pouvoir...

L'exil de Madéro

Porfirio Díaz, en réaction, a ordonné l'arrestation de Madero. Le jour des élections en Juin 1910, Madero est derrière les barreaux à San Luis Potosí. Après sa libération, comme les frères Flores, il a été libéré sous caution et s'enfuit à San Antonio, où il établit le siège révolution-naire. De San Antonio, Madero pouvait faire appel à ses liens politiques et financiers dans la région frontalière. Ses vues politiques modérées lui a valu le soutien des deux côtés de la frontière. Grâce à ses contacts et de sa richesse personnelle, il était capable de monter une opération de renseignement et d'embaucher une aide juridique.

Sa première étape à San Antonio a été de déclarer lui-même président d'une junte révolutionnaire. Un plan d'action a été annoncé et distribué en Novembre sous le nom de Plan de San Luis Potosí et pré-daté à sa dernière nuit dans cette ville, le 5 Octobre. Cela a été fait pour éviter l'apparence de violation de la Loi sur la neutralité plutôt vague aux États-Unis. Parce que Madero croit que la réforme politique a préséance sur les objectifs sociaux et économiques, le plan n'a pas été un plan pour la société révolutionnaire. Néanmoins, une promesse ambiguë de redistribuer les terres illégalement prises lors de la *porfiriato*. Ensuite, cela fut une grande désillusion parmi les partisans les plus radicaux de Madero. La pression croissante de Díaz pour inciter le gouvernement des Etats-Unis à agir contre Madero était combinée avec un décalage dans la préparation révolution-naire. Dans une dernière tentative, Madero déplace ses opérations à la Nouvelle-Orléans, puis en Janvier 1911 à Dallas. Enfin, la nécessité apparente de la rébellion d'avoir leur leader au Mexique, Madero rentra au Mexique de El Paso, le 14 Février.

Emiliano Zapata et I. Madéro, la rupture

Díaz démissionne de la présidence le 25 mai, laissant son vice-président en charge. Mais dans le même mois, les frères Flores on rompu avec Madero. L'insatisfaction radicale avec le révolutionnaire modéré s'est manifestée à nouveau en Novembre avec la rupture des liens par Emiliano Zapata, qui croyait que Madero ne voulait pas honorer les promesses de réforme agraire dans le Plan de San Luis Potosí. Malgré les défections et d'autres, Madero a pris ses fonctions en tant que président sur les 6 Novembre, 1911. Un coup d'État réussi par le général Victoriano Huerta a forcé I.Madéro à démissionner de la présidence, le 19 Février 1913.

Francisco I. Madéro et son livre

Madero a passé la majeure partie de 1908 à écrire un livre sur la direction des esprits, qui incluait l'esprit de Benito Juárez lui-même. Ce livre, publié en 1908 en retard, était intitulée *La sucesión Presidencial en 1910* (*la succession présidentielle de 1910*). Le livre est rapidement devenu un best-seller au Mexique. Le livre a proclamé que la concentration du pouvoir absolu dans les mains d'un seul homme - Porfirio Díaz - depuis si longtemps avait fait du Mexique un pays malade. Madero a fait remarquer l'ironie du fait que, en 1871, le slogan politique de Porfirio Díaz était "Pas de Réélection".

Madero a reconnu que Porfirio Díaz avait apporté la paix et la mesure de la croissance économique au Mexique. Toutefois, Madero a fait valoir que cela était compensé par la perte dramatique de la liberté qui incluait le traitement brutal des personnes, la répression des travailleurs, des concessions excessives aux États-Unis, et une centralisation de la politique malsaine autour de la personne du président. Madero qui a appelé au retour du Parti libéral. Pour y parvenir, Madero a proposé l'organisation d'un Parti démocratique, sous le slogan « *Sufragio Efectivo, no reelección* » («le suffrage valide, aucune Réélection»).

Porfirio Díaz, pouvait soit lancer dans une élection libre ou partir à la retraite.

L'ouvrage de Madero a été bien reçu, et beaucoup de gens ont commencé à appeler Madero « el apóstol de la Revolución » (« l'apôtre de la révolution »). Madero a vendu une grande partie de sa propriété, avec une perte considérable, afin de financer les activités anti-réélection à travers le Mexique. Il a fondé le Centre Anti ré-election dans la ville de Mexico, en mai 1909, et peu après, a prêté son soutien à la revue *El Antireeleccionista* , qui était dirigé par le jeune avocat philosophe José Vasconcelos. Madero a voyagé à travers le Mexique en faisant son discours sur l'anti réélection, et partout où il allait, il a été accueilli par des foules de milliers de personnes.

La force doit être renforcé par la force!

Le régime de Porfirio Diaz a réagi en faisant pression sur les intérêts bancaires de la famille de Madero, et il a même émis un mandat d'arrêt sur Madero, au motif d '«opération illégale en caoutchouc". Madero n'a cependant pas été arrêté, et en avril 1910, le Parti Anti réélection a rencontré et sélectionné Madero comme leur candidat pour la présidence du Mexique. Madero, inquiet que Porfirio Díaz ne voudrais pas renoncer à la présidence, il a prévenu ses partisans de la possibilité de fraude électorale et a proclamé que «la force doit être renforcé par la force!"

Au début de 1913 Victoriano Huerta, le commandant des forces armées a conspiré avec Félix Díaz (le neveu de Porfirio Díaz), Bernardo Reyes, et l'ambassadeur américain Henry Lane Wilson contre Madero, qui a abouti à un siège de dix jours de La Ciudadela connu sous le nom de La Decena Tragica (les dix jours tragiques). Madero a accepté de Huerta, la «protection» des forces de Diaz / Reyes, seulement pour être trahi par Huerta et arrêtés. Le frère de Madero et conseiller Gustavo A. Madero a été kidnappé dans la rue, torturé et tué. Après le coup d'État de Huerta, le 18 Février 1913, Madero a été contraint de démissionner. Après une durée de 45 minutes, il a été remplacé par Huerta, qui a pris la présidence. Francisco Madero a été abattu quatre jours plus tard, à l'âge de 39 ans. Le gouvernement a affirmé que les gardes du corps de Huerta ont été forcés de décapiter Madero et d'étrangler le vice-président José María Pino Suárez lors d'une tentative de fuite par les partisans de Madero. Cette histoire a été contestée dans une incrédulité générale.

Cet assassinat fut le prologue d'une guerre civile entre révolutionnaires. Madero était un adepte du spiritisme, et un membre important de la franc-maçonnerie. Il était végétarien et non violent.

Pour la petite histoire : *il fut le premier président en exercice au monde à prendre l'avion.*

Madero a figuré sur de nombreuses monnaies et billets de banque mexicains. Son effigie apparaît sur les nouvelles pièces de 5 pesos de circulation courante de 2009 commémorant le 100e anniversaire de la Révolution.

L'histoire du « I »

Le problème de clarifier le dilemme du "i" (en fait "Y", selon la foi du baptême) il est affirmé que certains textes disent « Ignacio », tandis que d'autres ont prétendu qu'il était « Indalecio », puis de nombreuses années se sont écoulées avant qu'on est trouvé un texte qui assure que ce changement était dû à une décision prise par Madero lui-même de changer son prénom, afin d'être accepté dans le groupe de spirituels. Ce changement était dû à un "renoncement" de quelque chose qui faisait partie de son essence. Ce changement n'entraînerait pas de problème majeur étant donné que son deuxième prénom, est seulement écrit « I. ». "Francisco I. Madero". Ceci est illustré par son certificat de baptême et de naissance. Ses parents l'avaient baptisés Francisco Ignacio pour leur dévotion à saint François d'Assise et saint Ignace de Loyola.

Au sein du Conseil suprême du Mexique et a sa demande, Madero est revenue sur son deuxième prénom et l'a fait enregistré comme Indalecio, probablement pour éviter toute référence aux jésuites, qu'il considérait comme arrogant et injurieux à l'encontre de Dieu.

Un certain nombre de légendes sont construites autour de la signification du «j» que porte son nom. Pour ses détracteurs, qui l'on toujours considéré comme un idéaliste fou, le "j", signifiait Naïf. Son certificat de décès, en date du 24 Février 1913, ont contribué à déformer la vérité sur son nom, car il apparaît comme «Francisco Madero Inocencio » *(Livre aucune. 791 de l'état civil de la ville de Mexico, 102 droitier, 77. 266 minutes)*.

Don Francisco Madero et Mercedes González ses parents ont nommé leur fils aîné par le nom de Francisco Ignacio en l'honneur de saint François d'Assise et le fondateur de la Compagnie de Jésus. Finalement l'histoire qui a couru dans l'adoption de la Doctrine Spirituel est le moteur de sa vie (1891), Madero est revenue sur son deuxième prénom et adopté celui de Indalecio, en raison de mauvais souvenirs de ses années d'étudiant avec les jésuites de Saltillo, il n'hésite pas à appliquer la maxime «la tige et se gâter ».

Cependant, il n'existe aucune preuve qui confirme cette version.

Dans les archives paroissiales du Temple de Santa Maria Parras de l'État de Coahuila, berceau de Madéro, le 30 Octobre 1873, il y a un document qui prouve que Madero fut baptisé sous le nom de Francisco Ignacio. De plus, les Archives générales de l'État de Coahuila, dans le Livre de copies de certificats de naissance de l'état civil du bureau d'enregistrement de Parras de la Fuente, Coahuila. Pour l'année 1874, à la page 2, est la copie certifiée conforme du certificat de naissance qui prouve que le «j» est d'Ignacio.

6. RICARDO FLORES MAGÓN
Des idées révolutionnaires toujours d'actualités

Qui est Ricardo Flores Magon (1873-1922) ?

Ce fut l'un des principaux théoriciens de la révolution mexicaine, il unifia les forces révolutionnaires contre Porfirio Diaz, en fustigeant la dictature au sein des journaux Regeneración, *El Hijo del Ahuizote*, etc. En juillet 1906, il fonda le *Parti Libéral Mexicain* (PLM). Le programme du PLM fut la véritable source idéologique de la révolution sociale. Peu de personnes osaient défier le régime de fer de Porfirio Díaz et cette synthèse fut entre autres un des facteurs de l'éclatement d'une révolte armée, tout comme le manifeste de 1911: "(...) *il ne faut pas se limiter à prendre seulement possession de la terre et du matériel agricole, il faut aussi prendre résolument possession de toutes les industries et les remettre à ceux qui y travaillent...*".

En janvier 1911, il planifia l'indépendance et la création d'une république socialiste en Basse-Californie. Les insurgés furent battus ce qui marqua la fin de cette rébellion. Il resta fidèle à ses idéaux libertaires jusqu'à sa mort, en tentant d'éliminer toutes formes d'exploitation de l'homme par l'homme. Persécuté et emprisonné pour ses idées au Mexique et aux Etats-Unis, il fut assassiné en 1922 au pénitencier de *Leavenworth*. Sa dépouille mortelle repose à la *Rotonda de los Hombres Ilustres* à Mexico DF.

En quoi consistait le "*magonismo*" ?

Le "*magonismo*" est un courant de pensée et d'action précurseur de la Révolution mexicaine (1910). Les magonistes aspirent à détruire le pouvoir, et non pas à l'exercer, leur objectif est l'auto-émancipation, l'autogestion et l'autonomie de communautés. Ils seront les premiers à vouloir lever une rébellion rurale au cri de*"Tierra y libertad!"*. Ricardo Flores Magón voit dans le fonctionnement des communautés indigènes l'essence même d'un projet de société juste et viable: le fonctionnement en assemblées, les travaux communaux et la jouissance de la terre et des ressources naturelles en commun.

Ces communautés fonctionnent de façon autonome en s'appuyant sur le principe d'aide mutuelle pour tout travail. Ce "pouvoir" communal dépend de l'Assemblée communautaire où se prennent toutes les décisions. Tous doivent travailler afin d'assurer le fonctionnement matériel de la communauté. Pas une utopie mais une réalité car des millions d'indiens pratiquaient le communisme et l'ont toujours pratiqué. Il ajouta au programme politique d'autres revendications comme l'éducation élémentaire obligatoire jusqu'à l'âge de 14 ans, la création d'un salaire minimum, etc. Ses idées seront reprises par les zapatistes et par tous ceux qui se battront dans la Révolution mexicaine (1910) et une partie de ces principes sont repris dans la Constitution de 1917.

Comment ses convictions perdurent aujourd'hui ?

Les différentes revendications des magonistes sont toujours en quête d'application dans le pays, compte tenu de la situation sociale actuelle. C'est pourquoi depuis 1994, des collectifs libertaires et des organisations sociales ont décidé de commémorer l'anniversaire de sa mort et surtout ses idées à travers les "*Jornadas magonistas*", avec des conférences, lectures, concerts à travers tout le pays. Depuis 2005, le *Centro Social Libertario "Ricardo Flores Magón"* organise des rencontres, des groupes de pédagogie libertaire, du ciné en plein air.

L'*Alianza Magonista Zapatista* (AMZ) et le *Consejo Indigena Popular de Oaxaca-Ricardo Flores Magón* (CIPO-RFM) promeuvent l'autonomie et l'autogestion sociale au sein de communautés et de villages grâce à la démocratie directe. Le CIPO-RFM compte plus de 2.000 membres (majoritairement des femmes) répartis dans tout l'Etat et prône une lutte sociale pacifique pour la défense des droits des communautés indigènes: droit à la terre, l'électricité et l'eau, droit des femmes, à l'éducation, défense de leurs cultures, création de leur autonomie à travers les coopératives de production. De juin à novembre 2006, la révolte populaire dans l'Etat de Oaxaca revêtit les idéaux révolutionnaires de Ricardo Flores Magon en demandant la renonciation du gouverneur de Oaxaca, Ulises Ruiz Ortiz, mais aussi en créant *l'Asamblea Popular de los Pueblos de Oaxaca* (APPO) qui incarnera les concepts d'assembléisme et d'autogestion, et ensuite au sein de la VOCAL (*Voces Oaxaqueñas Construyendo Autonomía y Libertad*).

7. Carranza Vénustiano Carranza opposant à Huerta

Zapata n'est pas seul. Un autre adversaire décidé de Huerta, le gouverneur du Coahuila, Venustiano Carranza, organise avec l'autorisation officielle de cet état, une armée pour restaurer la légalité constitutionnelle. Carranza et ses partisans rendent public le Plan de Guadalupe, qui jette les fondements du mouvement constitutionnaliste et reçoit l'adhésion de nombreuses personnalités madéristes. Les luttes s'avivent à nouveau quand Robles s'empare du gouvernement du Morelos. La haine contre lui est telle qu'un dicton affirme qu'il vaut davantage de partisans à Zapata que n'en a fait le plan d'Ayala. Zapata et ses hommes, quoiqu'ils soient à court de vivres et de munitions, débordent les limites de l'état du Morelos sur celles de Guerrero et de Puebla, et arrivent non loin de la capitale. Ils continuent d'éviter un affrontement décisif et optent pour des opérations de guérilla. Zapata est reconnu comme chef par d'autres commandants paysans. Les groupes armés sont réorganisés et leur haut-commandement reçoit le nom de "Junte révolutionnaire du centre et du sud de la république".

Les insurgés attaquent les trains, s'emparent d'arsenaux mal défendus, prennent par surprise des groupes de soldats ennemis et se ravitaillent ainsi. Au cours de l'un de ces nombreux combats à Cuautla, Robles met en déroute une partie des zapatistes et croit les avoir exterminés. Sûr de sa victoire, même s'il n'a pas capturé le chef du sud, Robles transmet la nouvelle à la capitale. Huerta s'empresse de la répandre et de promouvoir son fidèle serviteur. Mais bien vite, les rebelles zapatistes refont leur apparition à Cuernavaca et même jusqu'au voisinage de la capitale, ridiculisant le gouvernement qui, embarrassé, remplace Robles par le général Castro.

Le nouveau gouverneur adopte une autre tactique, il renforce les villes et laisse les zones rurales aux révolutionnaires. Cette décision est provoquée en partie par la nécessité de disposer de troupes dans le nord où Pancho Villa, qui se plie aux désirs des constitutionnalistes de Carranza, obtient avec sa célèbre division du nord des triomphes répétés dans l'état de Chihuahua et, en octobre 1914, s'empare de Torréon. Carranza compte aussi sur le soutien d'Alvaro Obregon qui, sur le front des insurgés dans le Sonora, finit par réussir à contrôler cet état du nord. La situation de Huerta est chaque jour plus instable, malgré l'appui personnel de l'ambassadeur des Etats-Unis, ce pays ne veut pas reconnaître son autorité. En outre, le président Wilson décide de remplacer son représentant diplomatique et réclame un armistice qui mette fin à la guerre civile. Huerta, est encerclé de l'intérieur et de l'extérieur. L'extension des opérations dans le nord facilite celles des zapatistes, dont les idéaux se sont propagés aux états voisins et à d'autres aussi éloignés que Durango, San Luis Potosi et Chihuahua, où les paysans ont fait leur le plan d'Ayala.

Pendant ce temps, Pancho Villa réussit à s'emparer de Ciudad Juarez et à mettre à nouveau en déroute les troupes de Huerta à Tierra Blanca, tandis que Carranza forme le premier cabinet constitutionnel. Les députés madéristes accentuant leur opposition, Huerta clôt le congrès national et emprisonne les membres rivaux de l'assemblée législative. Zapata qui, à ce moment, a observé avec prudence Carranza et ses partisans, proclame son appui aux constitutionnalistes et prépare une attaque contre Chilpancingo, capitale de Guerrero, et avec une forte garnison militaire. Pour distraire les forces qui défendent cette ville, il feint de disperser ses 5000 hommes en petites opérations séparées, avant de lancer l'attaque décisive par laquelle il réussit, le 24 mars 1914, à vaincre cette importante ville.

Après cette victoire, une partie de ses effectifs avance sur Iguala, nœud ferroviaire stratégique, qui tombe aussi en son pouvoir. Avec le reste de ses troupes, maintenant bien équipées et qui disposent même de canons, Zapata retourne dans le Morelos. Quoiqu'il ne réussisse à dominer aucune de ses villes, toutes les autres localités de cet état restent en son pouvoir. Lorsque les marins des Etats-Unis ayant provoqué un incident à Véracruz reçoivent de leur gouvernement l'ordre d'occuper ce port mexicain, Huerta appelle à l'unité pour combattre les envahisseurs. Zapata lui répond que son armée de libération du sud luttera contre les envahisseurs là où elle les rencontrera, mais elle ne s'alliera en aucune manière aux assassins de Madero. Les victoires des rebelles se multiplient dans le nord et dans le sud. Les zapatistes s'emparent de Jojutla, encerclent Cuernavaca, tandis qu'une partie d'entre eux avance sur la capitale du pays. Au même moment, Obregon et Villa marchent depuis le nord sur le même objectif.

Le 13 juillet, Huerta se démet de sa charge et s'enfuit à l'étranger. Un mois plus tard, les troupes fédérales se rendent à Obregon. La longue lutte semble s'achever. Les zapatistes occupent les faubourgs du sud de la capitale, les constitutionnalistes d'Obregon, le reste de la ville. Carranza, premier chef de l'armée constitutionnaliste, assume le gouvernement. Mais Villa, qui dispose de troupes nombreuses et bien organisées, n'est pas disposé à l'accepter. Pour sa part, Zapata affirme qu'il soutiendra quiconque reconnaîtra le plan d'Ayala et sa consigne "terre et liberté". Les groupes révolutionnaires assemblés à Aguascalientes tombent d'accord pour désigner Eulalio Gutierrez comme président provisoire. Carranza rejette cette résolution, quitte la capitale et se rend à Puebla où il a des partisans.

8. Le Général Victoriano Huerta, le traite.

Début 1912 dans le nord, le général Orozco, qui avait combattu avec Pancho Villa, fait lui aussi défection et dénonce l'immobilisme de Madero. Des troupes sont envoyées mais il faudra le renfort des hommes de Villa et celles d'un certain Victoriano Huerta, un ancien général de Díaz, pour les défaire. Madero fait quelques gestes en supprimant certaines taxes et en autorisant la création de syndicats. Ces mesures provoquent l'indignation chez les conservateurs et certains pensent déjà à renverser le gouvernement dès que l'occasion se présentera.

En février 1913, c'est chose faite par le général Huerta qui s'empresse de faire assassiner Madero et son plus proche collaborateur. Il pense mettre fin à la Révolution mais il ne fait que raviver la guerre civile qui embrase rapidement tout le pays. L'opposition s'organise aussitôt autour de Zapata, de Pancho Villa, du général Obregón et de Venustiano Carranza, gouverneur de l'Etat de Coahuila et ancien proche de Madero. Ils lancent le « *Plan de Guadalupe* » qui vise à renverser Huerta et à rétablir la constitution de Madero : c'est de là qu'ils tiennent leur nouveau nom de « *Constitutionnaliste* ».

L'utilisation des trains se révèle essentielle pour les combats car ils permettent de transporter les armes et les hommes rapidement à travers le pays. L'idéal de la Révolution semble renaître, mais sur des bases plus politiques que sociales. Carranza est lui aussi un bourgeois et il sait qu'on ne peut gouverner qu'à force de compromis. Huerta finit par s'enfuir en Amérique du sud. Dans la presse, Zapata se retrouve comparé à Attila...

Qui est Huerta

Huerta est né, le 23 Mars de 1845 dans la colonie d'Agua Gorda, une ville de Colotlán, Jalisco, fils de Jésus Huerta, peuple autochtone de Momax et Maria del Refugio Marquez Lazara Villalobos, métisse. Quand il eut quinze ans, général Donato Guerra a visité sa ville natale et a exprimé son désir d'embaucher un secrétaire particulier. Huerta, qui savaient lire et écrire après avoir assisté à l'école locale gérée par le prêtre, il se porte volontaire. Comme une récompense pour leurs services sont recommandés et obtient une bourse pour étudier à la Military Collège, où il reçut une note exceptionnelle lui valut une reconnaissance spéciale, le président Benito Juarez, qui a été le premier président non autochtones, l'a loué en visitant son l'école en offrant les récompenses aux cadets dans les mots suivants: « *Parmi les Indiens qui sont éduqués comme vous, le pays attend beaucoup* ».

9. Le Général Calles et ses excentricités

> "L'alcool est responsable de la décadence morale et physique des peuples"

En 1915, après avoir participé activement à la révolution mexicaine et être devenu Général, Plutarco Elias Calles accède, à trente-huit ans, au poste de gouverneur militaire de l'État de Sonora, d'où il est originaire. Lors de son discours d'investiture, prononcé le 4 août de la même année, le nouvel homme fort de Sonora se livre à une longue diatribe contre l'alcool qu'il juge responsable de beaucoup des maux qui rongent la société mexicaine: *"la consommation et l'abus de boissons enivrantes sont à l'origine de la décadence morale et physique des peuples, du déclin économique du pays et de la criminalité qui menace la paix civile au Mexique"*.

D'après Calles, il est de son devoir, en qualité de dirigeant politique, d'agir sur les individus pour limiter les ravages liés à l'alcool: *"les gouvernants se doivent de moraliser les citoyens qui sont sous sa protection et contribuer à l'amélioration de leurs conduites"*. Trois semaines plus tard, le nouveau gouverneur passe à l'acte en interdisant, par décret, l'importation, la vente et la fabrication de toutes les boissons enivrantes, sous peine de cinq années d'emprisonnement. Evidemment, les prisons se remplissent à toute allure et les tribunaux ont tant de travail qu'ils risquent la paralysie. Calles, dépité par cet échec, ne s'avoue pas vaincu et donne l'ordre de fusiller un ivrogne à Cananea pour montrer qu'il faut le prendre au sérieux…

"Toute ma vie, je n'ai rien détesté
de plus que l'alcool et la religion"

L'autoritarisme dont fait preuve Plutarco Elias Calles à la tête de l'État de Sonora a rapidement effrayé les dirigeants révolutionnaires nationaux qui le démettent de ses fonctions en 1916. Pourtant, sa carrière politique rebondit quelques temps plus tard à la faveur de l'alliance qu'il noue, habilement, avec le président de l'époque, Álvaro Obregón. Ce dernier le nomme Secretario de Gobernación en 1920 et le choisit comme successeur quand son mandat arrive à son terme en 1924. Installé à la présidence, l'ancien gouverneur de Sonora s'en prend, cette fois, à la religion. Il promulgue, en effet, une série de lois très anticléricales qui brisent la fragile concorde mexicaine et mène le pays à la guerre civile entre les laïcs et les religieux. Cette guerre, connue dans l'histoire nationale comme la *Guerra de los Cristeros* déchire le pays pendant trois ans (1926-1929) et fait plus de 80.000 victimes. Beaucoup, parmi elles, ont été massacrées par le gouvernement de Plutarco Elias Calles. Mais que fallait-il attendre d'un homme qui, en privé, confiait à son épouse:

"Toute ma vie, je n'ai rien détesté de plus que l'alcool et la religion".

"Je crois aux puissances supérieures"

En quittant la présidence de la République, en 1928, le général Calles n'abandonne pas la vie politique, loin de là. Il fonde, en effet, le Parti National Révolutionnaire – l'ancêtre du PRI - et s'autoproclame Chef Suprême de la Révolution, ce qui lui permet de choisir les présidents de la République et surtout de leur imposer ses volontés. Cette période prend fin en 1934 quand Lázaro Cárdenas, le nouveau chef d'État, trahit Calles et le contraint à s'exiler aux États Unis. S'il revient au Mexique en 1941, Calles ne se mêlera plus de politique. Il sera bien trop occupé par sa nouvelle lubie, le spiritisme. Quelques mois avant sa mort en octobre 1945, l'ancien président reconnaît publiquement qu'il croit aux *"puissances supérieures"*, ce qui laisse pantois son auditoire qui se demande si l'homme qui fait de telles déclarations est bien le même que celui qui voulait fermer les églises mexicaines deux décennies plus tôt.

10. Emiliano Zapata, qui était-il ?

La longue et cruelle lutte que déchaîne la révolution mexicaine commence par une révolte contre le président Porfirio Diaz qui, avec l'aide des "scientifiques", a réussi à conserver le pouvoir, presque sans interruption, pendant plus de 30 ans. Les aspirations démocratiques des mexicains sont exprimées en 1908 dans un livre intitulé "La succession présidentielle de 1910", un essai sur l'avenir politique du pays. L'auteur en est Francisco Madero, fils de riches propriétaires terriens du nord du pays. Au moment où Diaz, en dépit de sa promesse antérieure de ne pas se représenter pour un nouveau mandat, postule encore une fois à la présidence, Madero fonde le parti anti-réélectionniste et, bien décidé à une confrontation électorale, parcourt le pays pour y répandre ses idées. La répression gouvernementale déchaînée n'empêche pas l'anti-porfirisme de se propager et d'encourager les revendications de plusieurs couches sociales, mais surtout des paysans qui constituent 90% de la population mexicaine. Dans presque tout le pays, les terres communales sont passées aux mains de quelques grands propriétaires terriens, le plus souvent illégalement.

Dans l'état du Morelos, non loin de la capitale, 17 familles possèdent presque la totalité des terres cultivables destinées, dans leur majorité, à la canne à sucre. Dépouillés de leurs moyens d'existence, les paysans sont obligés d'émigrer ou d'accepter un emploi mal payé dans les grandes haciendas et raffineries, véritables fiefs qui disposent de leur propre police. En 1909, le comité de défense de San Miguel de Anenecuilco, petit village de 400 habitants de l'état du Morelos, choisit Emiliano Zapata pour Calpuleque.

Le calpuleque, ou chef des hommes, est le dépositaire des titres patrimoniaux et représente la commune dans les litiges pour la récupération des terres usurpées. Rares sont ceux qui, comme cet homme de 30 ans, ont autant de motifs de se voir confier cette charge. Zapata est villageois de souche campagnarde. Ses ancêtres ont lutté pour l'indépendance, pour la réforme et contre Maximilien de Habsbourg. Cavalier et dompteur, nul ne le surpasse dans la région. Il est charro de pied en cap. Plus fortunés que leurs voisins, les Zapata ont conservé une petite propriété rurale. Emiliano a fait quelques études et il a entendu parler de Madero. Peu après avoir été nommé calpuleque, il se rend à Mexico à propos d'une plainte judiciaire. Il y est recruté de force pour l'armée. Mais un gendre du président Diaz, qui n'ignore pas les compétences et l'adresse de Zapata dans le domaine des chevaux, tire parti de son influence pour qu'il soit licencié et l'emploie comme contremaître dans ses écuries.

Pendant ce temps, Madero a lancé sa campagne de candidat à la présidence mais, accusé de rébellion, il est emprisonné. Dans la prison de San Luis Potosi, il a assisté au milieu de 1910 à la réélection de Porfirio Diaz. Il est libéré après les élections mais est confiné dans cette ville. Il échappe à la vigilance de ceux qui le surveillent, traverse la moitié du pays et passe au Texas. Quelques partisans l'y rejoignent et le 5 octobre, est proclamé le Plan de San Luis Potosi qui dénonce ces élections comme frauduleuses, fait état des problèmes des paysans, proclame Madero président provisoire et appelle aux armes contre le conservatisme. Le gouvernement intensifie alors la répression. Plusieurs partisans de Madero et leurs chefs, les frères Serdan, trouvent la mort dans un affrontement dans l'état de Puebla. Malgré une certaine lenteur, le mouvement s'étend à tout le Mexique. Une de ses premières manifestations éclate dans l'état de Chihuahua, au nord du Mexique, où sous la direction de Pascual Orozco et Dorotéo Arango, plus connu sous le surnom de Pancho Villa, il remporte quelques victoires.

Zapata reprend la lutte avec une poignée d'hommes

Zapata retourne alors à son village, recrute quelques paysans et occupe les terres litigieuses. Les propriétaires fonciers portent plainte, mais les tribunaux locaux se prononcent en faveur des occupants. Prévoyant qu'il sera fait appel, le comité de défense envoie une délégation dans la capitale où, à la surprise de tous, les magistrats confirment le jugement de l'état du Morelos. Ce triomphe accroît le prestige du calpuleque qui décide de conserver le groupe armé pour faire face aux représailles éventuelles des propriétaires terriens. En fait, pour le gouvernement de Diaz, ces quelques paysans faméliques et révoltés représentent un problème minuscule comparé à celui des insurrections du nord du pays. Quelques paysans distingués de l'état du Morelos adoptent les idées de Madero. Un groupe d'entre eux se réunit fréquemment à Villa de Ayala, non loin d'Anenecuilco. Zapata compte au nombre des participants.

De fait, lui et son groupe armé constituent les autorités dans cette région, même s'ils reconnaissent comme chef politique du groupe anti-porfiriste, Torres Burgos, maître de maison et bon orateur. Madero s'étant installé dans le nord du pays, Torres Burgos a une entrevue avec lui et obtient d'être reconnu comme représentant du soulèvement dans le sud. Les révoltes paysannes commencent à se multiplier, aussi les propriétaires terriens et les autorités de l'état du Morelos prévoient de renforcer leurs effectifs et se disposent à agir. Zapata décide d'entreprendre la lutte. En mars 1911, avec une poignée d'hommes, il réussit à s'emparer de la délégation de police d'Ayala. Peu après, devant la population du lieu, il proclame l'insurrection armée. Suivi de 70 hommes mal armés, il parcourt bourgs et villages.

"Joignez-vous à moi, dit-il, je me lève en armes et j'entraîne les paysans de mon village parce que nous ne voulons pas que notre père Diaz s'occupe de nous !".

Son exemple se propage et de nouveaux groupes rebelles font leur apparition. Quand Torres Burgos renonce à la direction du mouvement, ce qui ne l'empêche pas d'être fusillé par les porfiristes, les chefs de la guérilla nomment Zapata chef du mouvement révolutionnaire du sud, nomination plus formelle qu'effective car les groupes rebelles, disséminés sur un territoire étendu, agissent pour leur propre compte et, parfois, s'affrontent les uns les autres. Leur cohésion est affaire de loyauté personnelle et le chef d'Anenecuilco, étant donné son prestige, est celui qui entraîne le plus d'adhésions. Comme il ne dispose pas de soldats professionnels et ne connaît pas les techniques de combat, il fait tomber ses adversaires dans des embuscades pour s'emparer de leurs armes, de leurs chevaux et de leurs vivres. Il réussit ainsi à approvisionner ses hommes.

Les premiers jours de mai 1911, les forces d'Orozco et de Villa s'emparent de Ciudad Juarez, ville frontière entre le Mexique et les Etats-Unis, victoire qui provoque la chute de Porfirio Diaz et son exil. Peu après, à la tête de ses forces qui se sont multipliées et qui sont aussi mieux équipées, Zapata occupe Cuernavaca, capitale du Morelos. C'est la première ville importante à tomber en son pouvoir.

Dans la capitale du pays, le ministre porfiriste De La Barra, soutenu par les partisans de Madero, assume la présidence par intérim. On remplace des membres du gouvernement et on procède à des élections. Les rebelles doivent déposer les armes. Il semble que la révolution soit terminée. Au début de juin 1911, Madero est reçu triomphalement à son arrivée à Mexico. Mais bientôt, les divisions commencent et les porfiristes s'infiltrent dans le mouvement. Ayant perdu le contrôle du parti anti-réélectionniste, Madero crée le parti constitutionnel progressiste pour se présenter aux prochaines élections.

Zapata rencontre Madero dans la capitale, puis à Cuernavaca. Il affirme qu'il ne démobilisera ses hommes que lorsque leurs services auront été reconnus et les terres usurpées rendues. Malgré leurs divergences, Zapata et Madero arrivent à un accord. Au Morelos, la restitution des terres commence. Les combattants reçoivent leur solde, puis sont démobilisés. Zapata se marie à ce moment avec Josefa Espejo, fille orpheline d'un marchand de bétail d'Ayala.

Comme les clauses de l'accord commencent à être mises en pratique, il croit que la lutte est terminée. Mais les propriétaires terriens ne sont pas disposés à céder leurs terres et exercent leur influence. De La Barra, violant l'accord, envoie des troupes au Morelos sous le commandement du général Victoriano Huerta, militaire de carrière et ancien collaborateur de Porfirio Diaz. Peu après son arrivée, le

Morelos est pratiquement soumis à son autorité. Il n'use pas de ménagements envers ces rebelles en haillons et entreprend une répression acharnée. La récupération des terres est interrompue, les troupes fédérales réquisitionnent les armes. Des protestations contre Huerta arrivent jusqu'à la capitale. Madero demande que cessent ces incidents et envoie un délégué en personne au Morelos. Mais les intérêts et les privilèges pèsent plus que ses admonestations.

D'autre part, on est en pleine campagne électorale et il ne peut consacrer beaucoup de temps à cette question. En novembre 1911, le parti constitutionnel progressiste ayant triomphé, Madero et son vice-président Pino Suarez assument les responsabilités du gouvernement. Le nouveau président doit alors affronter le problème du Morelos.

Zapata, pourchassé par les troupes de Huerta, ne se fie ni à de nouvelles négociations, ni à de nouveaux accords. En vérité, l'entente est difficile entre les divers partisans de la révolution. Madero, qui a accédé au pouvoir et est parvenu au gouvernement, cherche à imposer un état de droit qui ouvre la voie à la démocratie. Pour Zapata, la révolution est un acte de revendications qui doit, sans tarder, réparer les injustices sociales, en particulier dans les zones rurales.

L'homme politique et le chef des paysans ne parviennent pas à s'entendre. Avec les hommes et les armes qu'il a pu sauver, Zapata arrive près de la ville de Puebla, où il rejoint d'autres chefs révolutionnaires tels José Trinidad Ruiz et José Morales. Là, avec l'aide d'un professeur de province, Otilio Montano, est proclamé le Plan d'Ayala qui rejette Madero comme président et reconnaît comme chef du mouvement Pascual Orozco où, si celui-ci n'acceptait pas, Zapata lui-même. Ce plan, daté du 28 novembre 1911, fait siens les principes du plan de San Luis Potosi et appelle à l'insurrection contre le gouvernement. La plus grande partie des 2 500 mots du Plan d'Ayala réaffirment la décision de rendre sans délai les terres usurpées à leurs anciens propriétaires. La proclamation insurrectionnelle est diffusée dans tout le Mexique, elle est même reproduite dans un périodique.

Orozco n'accepte pas la direction du mouvement mais il approuve les termes du plan et, en mars 1912, le soulèvement débute dans l'état du Chihuahua. Les révoltes se multipliant dans le sud, le gouvernement décrète l'état de siège dans plusieurs états. En même temps, Madero exige que soit mis fin aux abus contre les paysans. Huerta, est désigné comme chef de la répression dans le nord. Il est remplacé dans le sud par Juvencio Robles qui, à la tête des troupes installées dans le Morelos, le surpasse en dureté. Les zapatistes dominent dans les régions rurales, mais l'armée contrôle les villes importantes et, à l'occasion, fait des incursions et rase les villages mal protégés où ne demeurent que femmes, enfants et vieillards. En août 1912, Huerta a écrasé la révolte des partisans d'Orozco et, considéré comme un héros, il retourne à la capitale. Il montrera bientôt du ressentiment car il se considère insuffisamment récompensé.

Pendant ce temps, le nouveau gouverneur intérimaire du Morelos cherche à pacifier cet état et demande à la capitale de modérer la brutalité de Robles. Il suspend la loi martiale et convoque l'assemblée législative pour discuter, entre autres, de la question agraire. Quelques chefs rebelles du sud abandonnent la lutte mais ce n'est pas le cas de Zapata qui éprouve pourtant des difficultés à sa ravitailler. En octobre de la même année, un groupe de porfiristes cherche à s'emparer de Véracruz. Leur tentative est vite étouffée mais elle met en évidence que l'armée ne soutient pas loyalement le gouvernement de Madero. Bien qu'il soit alerté par ses partisans, Madero se fie aux chefs militaires hérités du porfirisme. Pendant ce temps, pour se procurer des fonds, Zapata impose lourdement les grands proprié-taires terriens dont il menace de raser les cultures. Au début de février 1913, une partie de l'armée se soulève dans la capitale et parvient à occuper le palais présidentiel. Des troupes restées fidèles parviennent toutefois à récupérer l'édifice. Madero, escorté par des cadets militaires, prend la tête d'une marche qui se dirige vers le palais. Une multitude de gens prennent sa suite se solidarisant avec son attitude courageuse. Le putsch n'a pas été totalement écrasé car les rebelles se sont retranchés dans une garnison de la ville. Le chef loyal ayant été blessé au combat, le président désigne Huerta pour le remplacer.

La dixième tragique

Sur ces entrefaites, l'ambassadeur des Etats-Unis intervient en faveur des militaires rebelles retranchés dans leur réduit. La ville vivra dans la terreur durant 10 jours qui seront surnommés "la dixième tragique". Madero se rend à la capitale du Morelos pour y rencontrer le chef militaire de Cuernavaca. Les zapatistes reçoivent l'ordre de respecter le train présidentiel. Une trêve s'est instaurée entre les 2 adversaires. Zapata propose alors au président de rester au Morelos jusqu'à ce que la situation s'éclaircisse dans la capitale et lui offre une garde de 1000 hommes. Madero refuse et retourne à Mexico, jusqu'où s'avancent les troupes de Cuernavaca. Ces renforts viennent à bout de la résistance rebelle. Mais quand tout fait pensé que le gouvernement a vaincu le soulèvement, Huerta fait arrêter Madero et Pino Suarez, assume la présidence et forme un nouveau cabinet.

Le 22 février 1913, Francisco Madero et son vice-président sont assassinés, tout comme quelques-uns de leurs plus fidèles partisans, tandis que l'usurpateur reçoit des adhésions inattendues. En effet, Pascual Orozco, plusieurs gouverneurs et députés et mêmes quelques chefs zapatistes, se joignent à Huerta. Orozco envoie des représentants à Zapata, lui assurant qu'avec le nouveau gouvernement seront atteints les objectifs de la révolution. Mais le chef du sud et le peuple du Morelos savent bien qui est Huerta. Non seulement ils refusent d'appuyer celui qu'ils ne reconnaissent pas comme président, mais ils rompent tous les liens avec Orozco et s'apprêtent à affronter l'étape la plus sanglante de la révolution mexicaine.

La dictature et les trahisons de Huerta amènent à une guerre civile

Après les exécutions de Madéro et de Pino Suarez, c'est au tour de Don Abraham Gonzalès, gouverneur de Chihuahua d'être tué. Huerta le fait arrêter et ramener à Mexico, pendant le trajet, il est abattu et son corps est jeté sur la voie. Ensuite, c'est au tour d'Orozco qui revenant au Mexique clandestinement avec des chevaux volés, est abattu à la frontière mexicaine.

Harcelé par les Zapatistes, Huerta essaie en vain, de briser le moral des guérilléros. Il va jusqu'à prendre des femmes en otages, dont la belle-mère de Zapata et ses filles.

Au printemps 1914, le régime de Huerta entre agonie, les Etats-Unis vont lui porter le coup fatal. L'oncle Sam, irrité par Huerta, qui le défi du haut de son cactus, envoie en Avril 1914 un contingent de marines à Véracruz. En Juin, Pancho Villa va remporter avec Félipé Angelés, sa plus brillante victoire en battant à Zacatécas, après d'âpres combats, les troupes du dictateur. Cette victoire scelle le sort de Huerta, le 15 Juillet 1914, le dictateur qui ne sera resté au pouvoir que dix-sept mois (un mois de plus que Madéro), s'embarque à Véracruz sur l'Ipiranga, le même bateau qui avait emmené Porfirio Diaz vers la France.

Avec la chute de Herta, la révolution triomphe. Mais aussitôt, le combat des chefs s'organisent, ils sont quatre à vouloir le pouvoir : Pancho Villa, Emiliano Zapata, Vénustiano Carranza et Alvaro Obregon.

Le révolutionnaire Zapata, El "Caudillo" del Sur

La Révolution Mexicaine a fait de Zapata tout à la fois un précurseur de la réforme agraire mais aussi un héros national, sa vie se confondant dans l'idéal mexicain à celles des paysans mexicains qui ont combattu à ses côtés entre 1910 et 1919. Zapata nait en 1879 à San Miguel Anenecuilco dans l'Etat de Morelos, situé au sud de Mexico. Petit propriétaire terrien métis, réputé expert en chevaux, quasi illettré, il s'engage très vite dans la lutte agraire car à la veille de la Révolution, la situation sociale est particulièrement tendue en raison de l'expansion des haciendas sucrières, qui avec la complicité des autorités se sont emparées des terres villageoises. En 1909, il devient président du conseil municipal d'Anenecuilco. En 1910, alors que Porfirio Díaz prend une nouvelle fois la tête du pouvoir (président depuis 1876), après avoir écarté tous ses opposants et notamment Francisco Madero, celui-ci lance un appel à l'insurrection générale le 20 novembre 1910, le plan San Luis Potosi, inaugurant le début de la Révolution Mexicaine, auquel Zapata se rallie.

« Es mejor morir de pie que vivir toda una vida arrodillado »
(Il vaut mieux mourir debout que vivre à genoux)

C'est d'abord le nord qui se soulève puis le mouvement de Zapata réveille dans le sud sous la célèbre bannière de "Terre et Liberté". Apres la chute de Diaz, Madero prend le pouvoir mais il déçoit vite les espoirs des révolutionnaires. Zapata proclame alors le plan Ayala où il demande entre autres l'expropriation des grands propriétaires terriens d'un tiers de leurs terres en échange d'une compensation ainsi que la destitution de Madero. Commence alors une période trouble qui aboutit à l'assassinat de Madero en 1913 par le général Huerta qui prend alors le pouvoir, embrasant le pays d'une quasi guerre civile. Villa et Zapata s'allient d'abord à Venustiano Carranza puis le combattent en 1914. Pourtant Carranza devient président légitime en 1914. Zapata retourne alors dans le Morelos mais restant incontrôlable, Carranza le fait assassiner en 1919.

Emiliano Zapata, Anenecuilco, Morelos, 1879
« Tierra y Libertad... »

Emiliano Zapata est né dans l'est du pays dans l'Etat du Morelos : il est d'origine indienne. Contrairement à Pancho Villa, son fidèle ami, il ne vient pas du milieu le plus défavorisé. Il est le fils d'un petit propriétaire terrien qui vit assez bien. Mais il côtoie tous les jours la souffrance des *péones* (les paysans et les ouvriers agricoles) de sa région. Il faut connaître la situation du pays à cette époque charnière du début du siècle pour comprendre les évènements tragiques qui vont suivre. Mais la vie n'était-elle pas déjà tragique pour la plupart...

Zapata et les haciendas

Le révolutionnaire Zapata n'exprime pas l'ensemble de la révolution mexicaine. Aucun dirigeant de la révolution mexicaine ne permet de refléter la signification de l'ensemble de la lutte, car celle-ci a pris des formes et a eu des buts multiples. Exemple de révolution permanente, la révolution mexicaine contient à la fois une révolution démocratique bourgeoise contre la dictature de Diaz, une révolte paysanne pour la terre, pour les anciennes communautés paysannes traditionnelles, contre les haciendas et les grands propriétaires et une révolution prolétarienne communiste, pour un pouvoir des opprimés des villes et des campagnes. Toutes les classes sociales ont participé à la révolution : la petite bourgeoisie des villes et des campagnes, la bourgeoisie et le prolétariat des villes et des campagnes. Elle a mis en branle toute la société.

Elle a eu, comme la révolution française, de nombreuses phases à rebondissements et couvre de nombreuses années, de 1911 à 1919.La participation de la classe ouvrière a souvent été effacée devant celle de la paysannerie pauvre et de la petite bourgeoisie. Certes, la classe ouvrière des villes a été embarquée, derrière les syndicalistes, aux côtés de la bourgeoisie, mais il convient de remarquer que la classe ouvrière des campagnes était partie intégrante de la révolution de Zapata, non seulement des ouvriers agricoles, des péones, des domestiques mais aussi des mineurs. Nombre de combattants et de dirigeants de Zapata étaient des ouvriers.

Les combats ont tellement concerné la classe ouvrière que la bourgeoisie envisageait d'expulser de la région tous les travailleurs du cru et de remplacer entièrement les travailleurs du centre et du sud par des travailleurs étrangers !

Emiliano Zapata

La notoriété de Zapata se répand sur tout le Mexique et même au-delà. Chose étonnante, et signe des nouveaux temps qui commencent, on sait qu'il signa le 3 janvier 1914 un contrat avec une compagnie de cinéma, la *Mutual Film Corporation*, qui allait pouvoir filmer les exploits du rebelle pour le public américain contre la somme fabuleuse de 25000 dollards ! Légende vivante mais qui demeurera illettré jusqu'à la fin de sa vie, Zapata représente dès lors l'honneur retrouvé des millions de péons et des indiens longtemps considérés comme des esclaves par les riches propriétaires terriens. Mais les réformes n'avancent pas vite. Madero se révèle décevant : trop idéaliste pour comprendre les problèmes tels qu'ils sont, trop prudent pour ne pas froisser les susceptibilités... Et, Zapata ne dépose pas les armes comme il l'avait promis. Fidèle à ses principes, il attend les premières réformes promises par le nouveau pouvoir, dont la réforme agraire qui est pour lui la plus importante. Ses exigences, qu'ils expriment dans le célèbre « *Plan d'Ayala* », sont radicales : restitution des terres des grands propriétaires (*les ejidos*) aux paysans, expropriation d'un tiers des haciendas du pays (mais avec compensation), saisie des terres des opposants à la Révolution et des anciens responsables politiques... Mais, visiblement, ces revendications semblent trop excessives pour pouvoir être appliquées. Il ne faut pas oublier que Madero est un libéral qui croit encore aux valeurs de la bourgeoisie. Il

120

pense réaliser une transition en douceur avec l'appui des tous. Il a donc besoin de temps pour assurer la pais sociale. Mais Zapata n'en peut plus d'attendre et il décide finalement de prendre les choses en main dans son Etat du Morelos :

« La Junte Révolutionnaire de l'Etat du Morelos n'acceptera aucun accord ni aucun compromis tant que les éléments dictatoriaux de Porfirio Diaz et de Francisco I. Madero ne seront pas renversés, car la nation est fatiguée. De ces hommes faux et traitres qui firent des promesses en tant que libérateurs et qui, une fois arrivés au pouvoir, les oublient et deviennent des tyrans » (Emiliano Zapata - *« Plan d'Ayala »* - 25 décembre 1911).

Il distribue alors les terres à ses soldats et ses fidèles. Les travaux des champs et ceux des coopératives paysannes sont répartis entre tous et des conseils de village sont mis en place et leurs responsables démocratiquement élus. S'en est trop pour Madero qui décide d'envoyer l'armée pour mater ces milices paysannes qui lui échappent et montrent trop de zèle à accomplir les changements attendus. Evidemment, l'expédition est un échec et le pouvoir s'en retrouve affaibli. La Révolution entre alors dans sa période sombre où tout devient hors de contrôle. Le sort de Madero est scellé...

Zapata, un héros communiste ?

Elle a été également été marquée par des combats entre chefs militaires. Le plus révolutionnaire des dirigeants, le plus prolétarien aussi, est Emiliano Zapata. Il a considérablement évolué au cours de la lutte. Mais jamais il n'a été un simple leader militaire d'une guérilla des paysans pauvres. Jamais il n'a voulu que les combattants militaires deviennent les dirigeants de la société civile. Non seulement il voulait le peuple en armes et non une armée permanente de combattants révolutionnaires mais il souhaitait toujours subordonner les militaires aux civils et c'est ce qu'il a réalisé avec succès pendant un temps dans le Morelos. Ceux qui ont étudié cette période sont souvent étonnés que Zapata refuse le pouvoir mais ils oublient qu'il s'agissait d'un Etat bourgeois. Même si personnellement Zapata s'était trouvé à la tête, il serait encore agi d'un Etat bourgeois.

C'est pour cela que Zapata victorieux momentanément n'est pas resté à Mexico. Il savait qu'il y aurait été l'otage des classes bourgeoises et petites bourgeoises des villes.

Son combat ne se limite pas à la démocratie politique. Pour lui, pas de démocratie sociale si les opprimés ne détiennent pas les richesses et le pouvoir local de décision. Et il a imposé localement et régionalement un tel mode de fonctionnement de la société, au moins à l'échelle du Morelos.

On peut dire que cet Etat a été à un moment une véritable république communiste des travailleurs.

Pour Zapata, la guerre est inévitable pour se défendre mais la guerre n'est pas la révolution. La révolution, ce sont les travailleurs des villes et des campagnes, les civils qui la font, qui la dirigent, en décidant de la manière dont ils veulent vivre et s'organiser, travailler et partager les fruits de leur travail. Zapata n'a jamais été un révolutionnaire inconscient, il a toujours été du côté des petites gens, même si cette conscience a évolué au cours de la révolution. Il reconnaissait dans la révolution russe de Lénine qui s'est produit en même temps que la sienne, le même type de révolution que celle qu'il souhaitait mener.

C'est la maturité du mouvement ouvrier mexicain qui a limité les possibilités de la révolution mexicaine, pas le niveau de sa direction politique au travers de Zapata et de ses camarades.

Si nombre de commandants de guérilla ont été des chefs militaires de type classique et ont mené de multiples opérations pour prendre le pouvoir pour eux-mêmes, aucun des responsables de Zapata n'a agi ainsi. Ils l'ont accompagné jusqu'au bout sans céder aux tentatives de détournement des forces adverses. Zapata a été vaincu finalement mais il est toujours un drapeau sans tâche pour les opprimés.

Contrairement aux guérilleros, aux nationalistes radicaux, aux leaders radicaux de la petite bourgeoisie du tiers monde comme Castro, le Che, Mao, etc...., ou aux militaires radicaux comme Nasser, comme les leaders nationalistes algériens, vietnamiens, ou comme les staliniens du tiers monde, Zapata ne comptait que sur la force des opprimés pour mener sa révolution et non sur ses forces armées.

Il a défendu la révolution avec les armes mais il n'a pas mené ses armées au pouvoir. Il a toujours refusé de prendre pour lui et pour ses forces armées le pouvoir et se méfiait d'un pouvoir qui ne serait pas exercé directement par les travailleurs. Il avait bien compris que tout pouvoir pris par une armée mène à une dictature militaire. Nombre de ceux qui prétendent se revendiquer de lui ne lui ressemblent malheureusement pas... nullement...

Aujourd'hui, le cri "Viva Zapata !" reste un slogan révolutionnaire mais les prétendus "zapatistes" ne savent plus qui était Zapata et le confondent avec le Che, avec Ho Chi Minh ou Mao, quand ce n'est pas avec un militaire populiste comme le dictateur actuel du Vénézuela, et même avec... Khadaffi !!! Eh oui, c'est surprenant.

Révolutionnaires, étudiez la révolution d'Emiliano Zapata ....

Celui qui ne croit qu'à la force des opprimés, voilà ce qu'est un révolutionnaire.

Un vrai...

Lettre d'Emiliano Zapata à Jenaro Amezcua, datée du 14 février 1918 à Tlaltizapàn (Morelos), quartier général de la révolution :

"Nous gagnerions beaucoup, l'humanité et la justice gagneraient beaucoup, si tous les peuples d'Amérique et toutes les vieilles nations d'Europe comprenaient que la cause du Mexique révolutionnaire et la cause de la Russie incarnent et représentent la cause de l'humanité, l'intérêt suprême de tous les peuples opprimés.

Aussi il n'est pas étonnant que le prolétariat mondial applaudisse et admire la révolution russe, de même qu'il accordera toute son adhésion, sa sympathie et son appui à notre révolution mexicaine, dès qu'il se rendra compte des buts qu'elle poursuit. Il ne faut pas oublier qu'en vertu de la solidarité des prolétaires, l'émancipation de l'ouvrier ne peut s'obtenir si on ne réalise pas en même temps la libération du paysan. Dans le cas contraire, la bourgeoisie pourra toujours opposer ces deux forces.

Parmi les traits qui situent la révolution du sud bien au-dessus d'un simple mouvement paysan armé et qui en font la représentation la plus concentrée des aspirations de toute la Révolution mexicaine, il y a sa volonté de se propager au pays tout entier et de se transformer en pouvoir populaire, tout en cherchant un soutien international dans le prolétariat et la révolution mondiale.

Les aspirations et les idées de Zapata

Emiliano Zapata créa dans la montagne de Morelos, avec les paysans soulevés, descendants des anciennes races cuivrées, une république sociale. ''La première, des temps modernes.''

En 1921, à peine deux ans après qu'une unité de l'armée mexicaine ait assassiné Zapata, des politiciens et des intellectuels mexicains qui ne l'avaient jamais défendu auparavant commencèrent à s'approprier sa mémoire. Ils s'autoproclamèrent zapatistes et firent de leur éponyme un héros. Le gouvernement de Càrdenas célébra la révolution de Morelos dans des manuels scolaires diffusés dans tout le pays, et déclara l'anniversaire de sa mort, le 10 avril, journée nationale de deuil. Après 1940, alors que les autorités se désintéressaient de plus en plus du sort des paysans pauvres, elles continuaient à louer Zapata plus que tout autre héros de la révolution mexicaine. Ce furent non seulement des rues, mais des villages, des écoles, des hôpitaux et des villes qui furent honorés de son nom. Dans les années soixante, l'annuaire des organisations arborant le nom de zapatiste aurait constitué un volume imposant, quoique plutôt hétéroclite, puisque y voisinaient des associations de campesinos, des organisations de type mafieux, des sociétés d'anciens combattants, des clubs estudiantins, des groupes de guérilla, des orchestre, des syndicats, des organisations politiques de masse, des coteries intellectuelles, etc.

De tous les zapatistes autoproclamés des soixante-dix dernières années, les plus surprenants et probablement les plus attirants sont les rebelles du Chiapas, l'Armée nationale de libération zapatiste (EZLN). Si on laisse de côté les symboles et les émotions, quelle est la continuité ou la similitude réelle entre les zapatistes originels et ceux d'aujourd'hui, s'il y en a une ? Pour répondre brièvement, il n'y a pas de véritable continuité ou similitude historique entre les deux mouvements. A partir de janvier 1915, l'Etat de Morelos connut un moment de paix, la première paix dont jouissait cet état depuis que les combats avaient commencé, quatre ans auparavant, et la dernière jusqu'à leur arrêt définitif, cinq ans plus tard. Or cela permit aux gens de faire leur propre révolution.

Ils avançaient avec une remarquable constance vers l'établissement de municipalités démocratiques, de communes paysannes où chaque famille eût son mot à dire quant à l'utilisation des ressources locales. L'armée de libération du centre et du Sud (l'armée de Zapata) était une "armée du peuple". Pour les hommes qui luttaient dans ses rangs, comme pour les femmes qui les accompagnaient, "être un peuple" comptait plus qu'être une armée. Pour trouver un guide, ils se tournaient plus volontiers vers leurs chefs de village que vers les officiers de l'armée révolutionnaire. Au début, pendant les premières années de guérilla, les chefs de village et les officiers révolutionnaires étaient ou les mêmes personnes ou de proches parents ou de vieux amis.

Pendant les grandes campagnes contre Huerta, surnommé « cucaracha », au fur à mesure que se constituait l'ossature d'une armée régulière, les guerriers amateurs étaient peu à peu devenus des professionnels et les officiers avaient peu à peu perdu toute relation personnelle avec les leaders civils locaux. Loin d'être une corporation militaire autonome comme celle des vagabonds de Villa ou d'Orozco, l'armée révolutionnaire qui prit naissance dans l'Etat de Morelos en 1913-1914 était simplement la ligue armée des municipalités de l'état.

Lorsque la paix revint, à la fin de l'état 1914, les villageois fondèrent à nouveau une société locale établie sur des valeurs civiles. Dès qu'ils le purent, ils éliront des autorités municipales et judiciaires provisoires et revendiquèrent les biens locaux. Zapata et la plupart de ses chefs partageaient ces espérances populaires quant à la nature d'un gouvernement civil. Ils n'avaient pas non plus perdu le sens de leur identité profonde, ils étaient des fils des pueblos, ouvriers agricoles, métayers et rancheros. Ils avaient toujours tenu leur autorité des conseils locaux.

Les chefs tenaient par-dessus tout à l'estime que leur témoignaient leurs compagnons villageois. Zapata avait déjà réprimandé les chefs miliaires qui s'étaient mêlés des affaires des villages. Lorsqu'il intervenait dans le règlement des conflits locaux, ce qu'il fit à plusieurs reprises, il se bornait à faire appliquer les décisions que les villageois eux-mêmes avaient prises. Il est d'ailleurs significatif que Zapata n'ait jamais organisé de police au niveau de l'état : l'application de loi telle qu'elle était restait la tâche des conseils de village. Tlaltizapàn était désormais le cœur de l'état. Située dans les ravines qui descendaient vers les rizières de Jojutla, c'était une petite ville tranquille dont les places et les rues étaient constamment ombragées Contrairement à ce qui avait lieu à Mexico, on n'y voyait pas l'étalage fébrile d'un luxe de confiscation, pas d'allègre débauche de trésors saisis, pas de grouillement de bureaucrates sautant du téléphone à la limousine.

« Train de la Révolution »

Cependant, les soubresauts de la Révolution ne sont pas terminés. La coalition qui s'était formée pour renverser Huerta n'était que de circonstance. Dès novembre 1914, Zapata et Villa se retournent contre Carranza. L'armée du nord de Villa et celle du sud de Zapata décident de mener la lutte en commun et se dirigent vers Mexico pour réaliser leur jonction. Les combats sont terribles. Ils réinvestissent la ville et Obregón doit prendre la fuite jusqu'à Veracruz. Zapata et Pancho Villa peuvent pénétrer dans le Palais Présidentiel où ils sont photographiés par les nombreux journalistes qui suivent les évènements. Ces photos feront le tour du monde. C'est une nouvelle victoire pour la Révolution mais est-ce que cette fois-ci sera la bonne ?

L'humanisme des troupes de Zapata

Sous le commandement d'Antonio Barona, les zapatistes entrent dans Mexico le 24 novembre 1914. "Quelle est cette armée dont les membres portent des vêtements de paysans, marchent au son des guitares et des chants populaires, sont suivis de femmes et d'enfants tout aussi pauvres, et s'avancent à cheval et en armes ? Se demandent les habitants de la capitale. Mais ces hommes ne pillent ni ne violent.

Nombre de ces guerriers chevronnés frappent aux portes et demandent à manger, chapeau bas, pour eux et leur famille.

Les deux chefs légendaires de la révolution se rencontrent

Leur chef arrive un peu plus tard, sans ostentation, vêtu en paysan lui aussi. Il ne reste que quelques heures dans la capitale, puis retourne dans le Morelos. Lorsque quelques jours plus tard, Villa arrive lui aussi à Mexico, il doit lui envoyer un message pour l'inviter à un entretien. Les 2 légendaires chefs révolutionnaires se rencontrent pour la première fois à Xochimilco, près de la capitale, le 4 décembre 1914. Les journalistes mexicains et étrangers, la fanfare municipale, les écoles et les rues ornées de fleurs donnent un air de fête à l'entrevue. On raconte que peu après, quand les 2 chefs visitent le palais du gouvernement, Villa dit en voyant le fauteuil présidentiel : "Et c'est pour ça que nous nous entretuons ?". Ce n'est certes pas pour cela lutte Zapata.

Conformément à l'accord conclu avec Villa, le chef du sud se dirige avec une partie de ses effectifs vers Puebla, d'où Carranza, sur le conseil du général Obregon qui a pris son parti, se transporte à Véracruz que les marins américains ont abandonné après une médiation internationale. L'armée du sud occupe pacifiquement Puebla et y attend le ravitaillement promis par Pancho Villa. Mais les rapports entre les deux alliés se refroidissent quand un zapatiste est assassiné par des partisans de Villa. Zapata rentre alors dans le Morelos et les forces constitutionnalistes de Carranza et Obregon récupèrent Puebla. Au milieu de l'année 1915, Gutierrez, à son tour, rompt avec Villa et Zapata. Comme il ne peut rester dans la capitale, il s'installe à San Luis Potosi.

La convention affaiblie nomme président le général Gonzales Garza, qui s'installe au palais de Cortés à Cuernavaca. Le Mexique a alors 3 présidents : Gutierrez, Carranza et Gonzales Garza. Les zapatistes, qui pourtant contrôlent les alentours de la capitale, ne peuvent éviter que les forces d'Obregon s'emparent de celle-ci. Entre-temps, les partisans de Villa mettent en déroute les troupes de Gutierrez à Guanajato. Mais ils devront bien vite affronter les constitutionnalistes d'Obregon. Avec le déplacement des opérations vers le nord, le Morelos vit dans une paix relative dont Zapata profite pour restituer des terres communales aux paysans.

Dans la capitale, Carranza consolide peu à peu sa position. Il édicte une loi qui met en train la réforme agraire mexicaine, et est favorable aux travailleurs grâce à quelques mesures qui touchent le monde du travail. Après une campagne acharnée et fluctuante au cours de laquelle il perd un bras, Obregon finit par mettre en déroute Villa en avril 1915. Seul Zapata lutte encore avec autant d'intransigeance qu'aux premières heures de la révolution, mais débarrassés des partisans de Villa, dont le peu qui demeure subsiste en faisant le sac des localités du nord, les constitutionnalistes retournent toutes leurs forces contre lui. Tandis que les troupes fédérales récupèrent les villes importantes, y compris celles de l'état du Morelos, Zapata lève son quartier général, et ses unités se dispersent dans les montagnes et les sierras, en revenant aux tactiques de la guérilla. Au moment où, en 1916, éclatent des grèves qui provoquent des tensions dans le climat social, les zapatistes s'approchent avec témérité de la capitale et menacent à nouveau les localités voisines. Peu après, Carranza convoque une assemblée constituante dont les délibérations commencent au mois de décembre.

Zapata décide alors d'attaquer les garnisons du Morelos et récupère pratiquement le contrôle sur cet état. On organise dans chaque localité du Morelos des associations pour la défense des principes révolutionnaires. Un vaste recrutement permet de placer des unités armées aux points stratégiques. Tout le petit état vit sur le pied de guerre tandis qu'à Querétaro, on débat de la nouvelle constitution, qui est promulguée le 5 février 1917.

Une rencontre a lieu à Jonacatépec, Zapata et le colonel Guajardo sont entourés de leurs hommes. Ambiance cordiale et accolade vont bon train. Guajardo offre un superbe Alezan à Zapata et l'invite à déjeuner le lendemain à l'hacienda Chinameca, le 10 Avril 1919.

Zapata s'y rend avec seulement quelques amis. Quand il pénètre dans la cour, une rangée de soldats lui présente les honneurs et, à un signal donné, les soldats le fusillent à bout portant. Le cadavre est ramené triomphalement à Cuautla. L'Attila du Sud est abattu lâchement. Le 23 Juillet 1923 au matin, la Dodge, où Pancho Villa a pris place avec quatre de ses amis est criblée de balles, le Centaure du Nord est mort.

La violence est-elle morte avec celui qui la symbolisa ? Pas encore.

11. Doroteo Arango, l'énigmatique PanchoVilla

> Mon ami, l'histoire de ma vie,
> Il faudra la raconter de différente façon.
> *P.Villa*

« L'homme qui se sent mal tête nue », qui dans sa jeunesse avait comme surnom « gorra chueca » (casquette rebelle), il dormait même avec un chapeau sur la tête.

Cet homme était tellement haï, que le 23 Juillet 1923, on lui tira 150 fois sur la voiture qu'il conduisait, trois ans après sa mort on vola même sa tête....

En 1916, il proposa la peine de mort pour les responsables de fraudes électorales, une proposition sans précédent dans l'histoire du Mexique. Sa vie n'a été qu'ambigüité sur ambigüité, même son nom est très controversé.

Doroteo Arango, appelé Pancho Villa est né le 5 Juin 1878 à 15 heures. Il paraît qu'a sa naissance, un violent orage éclata et les éclairs « vénus » connurent un changement de proportion, de couleur et de trajectoire : en clair, un avertissement du ciel qu'aurait à affronter dans sa vie le nouveau né.

A sa naissance, le bébé était un monstre, il avait des cheveux roux et d'énormes yeux de hibou. De plus, il est né à un endroit nommé « la coyotada ». C'est un petit bourg de 5 à 6 maisons près de la ferme « Rio Grandé » à environ quatre kilomètres de la rivière et près de « San José del rio » état de Durango (la région des scorpions), il naquit sur les terrains de l' « hacienda de Santa Isabel de Barras ».

Il est né dans une cabane isolée sur une hauteur, ses parents s'appelaient « Agustin et Micaéla » et ils appelèrent leur enfant « Dorotéo Arango Arambéla » puis au baptême ils le nommèrent « José Dorotéo ».

Il y a beaucoup d'ambigüités sur son nom, mais aussi sur sa vie, on dit qu'il a composé « La adélita », c'est faux, mais il a composé la « cucaracha ». On dit qu'il a été le contemporain de Lénine, de Freud, de Kafka, de Modigliani, de Gandhi, mais il n'a aucune culture, il a entendu parler de ces hommes, mais il ne les connait pas.

C'est un homme qui ne sait pas lire et écrire, mais qui a eu 27 femmes et 26 enfants. Il n'aimait pas la noce et les curés, mais il préférait la fête et la danse. Il avait une réputation d'ivrogne, alors qu'il n'a jamais bu une goutte d'alcool. Il aimait le milk-shake à la fraise, la nougatine, le fromage frais (Asadéro). Il adorait les asperges en boite et la viande grillé, dure comme de la semelle. Il aurait soit disant, trois biographies, mais aucune écrit de sa main.

Analphabète, il devint gouverneur de l'Etat de Chihuaha et il fonda cinquante écoles. Mais est-ce la vérité ?...C'était un révolutionnaire, pilleur de banques qui cachait ses trésors dans les grottes ou dans des caves. On dit officiellement qu'il repose dans le monument de la révolution à Mexico, mais est-il dans cette masse de pierre sans gout, ni grâce. Il doit plutôt être enterré dans sa ville natale : Parral !!!

Il est difficile de savoir le vrai du faux, tant ses aventures sont nombreuses et variés.

Il a vécu une vie chargée d'ambiguïté.....

12. Lazaro Cardénas, a pesé sur l'histoire de son pays

C'est un président qui a énormément pesé sur l'histoire de son pays, il est de loin le meilleur président qu'est eu le Mexique. Lazaro Cardénas, surnommé le « Sphinx de Jiquilpan », il avait un instinct politique étonnant, incomparable sauf à Porfirio Diaz ou à Charles de Gaule...

A bien regarder, il en ressort que la révolution a été trahi par les Sonoriens, mais alors, la question se pose est : Carranza était-il le père de cette révolution maltraitée ? Ou, il n'y a jamais eu de révolution avant 1935 ? ...

Quoi qu'il en soit, la révolution c'est ... Cardénas !

Le plan de six ans qu'il mettait en route en 1934 relançait la réforme agraire, la nationalisation, le dirigisme économique, la lutte contre les pétroliers étrangers. Tout cela n'était pas neuf ! La nouveauté n'était pas la politique, ni la paix religieuse. Ces meilleurs partisans étaient le fidèle clergé des campagnes et les « cristéros » qui furent d'ailleurs les derniers à le veiller aux dernières heures funèbres.

Cela provient de son origine d'une vieille famille créole du Michoacan, et qu'il connait bien le vieux Mexique dont il en sort. Il a un grand avantage sur les sonoriens dont il administré à merveille l'héritage et qu'il a fait oublier les violences.

Il humanise le système sanglant d'Obrégon et de Callés.

Eux, faisaient exécutés les vaincus, lui il exile Callés.

132

N'oublions pas la série d'assassinats froidement ordonnés et la persécution sanglante de ses prédécesseurs, pour comprendre la popularité de Lázaro Cardénas.

« Il ne fit pas couler le sang, il fut miséricordieux, il apporta la paix ».

Dans ses six années de présidence, il voyagea beaucoup dans le pays, il agissait comme un « bon roi », il aimait le contact avec le peuple, pour preuve ses 87 000 kilomètres en 673 jours.

De 1938 à 1940, le Mexique est troublé par la montée des droites activées par le triomphe des régimes fascistes et nazis en Europe. La guerre d'Espagne divisa le pays, certains militaires dont « Amaro » qui parlait la nécessité de sauver le pays du Bolchévisme. Le Sinarquisme venait de naitre, vu l'ampleur des Antibolchéviques. Ce mouvement fasciste hispanique prônant la non-violence eut un succès foudroyant.

La plupart des membres étaient des jeunes issus des classes moyennes. Ils provoquaient des incidents sanglants aux cours des manifestations de masses, le fiasco de la réforme agraire y était pour beaucoup dans la montée de ce fasciste.

Cardénas commençait à chercher son remplaçant, rejetant celle de son fidèle compagnon Mujica, trop à gauche, puis celle de collègue et allié, Juan Andrew Almazán, trop à droite. Enfin, il nomma le général Manuel Avila Camacho comme candidat officiel à la présidence.

A cette époque beaucoup de gens était fatigué de la révolution, fatigués d'avoir pour lendemain des reprises de la persécution et ils en avaient de la remise en question de la réforme agraire.

Le résultat, ce sont les élections libres qui conduit à une tragédie électorale en Juillet : le sang coula, les résultats furent truqués et surprise c'est Avila Camacho qui gagna et Almazan, le malheureux perdant, accepta de partir à l'étranger.

Et pourtant, derrière Almazan, il y avait les classes moyennes, les travailleurs, les syndicats, les paysans, les éjidatarios, sans oublier les Carranzistes, les Callistes, le frère de Madéro Moronés, le peintre Diégo Rivéra révolté par l'assassinat de Tolstoï, puis les fils de Zapata. En fait de compte tous les mécontents, c'étaient rassemblés derrière Camacho pour réclamer de l'ordre, la mise au pas des fonctionnaires corrompus et surtout ils demandaient de choisir entre Mexico et Moscou, Zapata et Staline.

Mais on peut toujours se poser la question, était-ce toujours la révolution mexicaine ?

Chapitre dix

1. La révolution mexicaine s'institutionnalise

> « Nous voici, nous sommes la dignité rebelle,
> Le cœur oublié de la patrie »
> *Le sous-commandant Marcos*

Un mois plus tard ont lieu les élections. Au moment où s'ouvrent les délibérations du nouveau congrès national et où le président élu, Carranza, assume ses fonctions, la révolution mexicaine s'institutionnalise. La constitution approuvée affronte la question agraire, interdit les monopoles et établit les droits des travailleurs. L'ouverture politique de la nouvelle république lui vaut l'appui de vastes secteurs de la population. Le gouvernement organisé, avec le contrôle des mécanismes d'état et la reconnaissance internationale, considère toutefois Zapata comme un ennemi irréductible. Pendant des mois, les troupes gouvernementales cherchent à mettre en déroute les zapatistes. Ceux-ci comptent sur la protection des montagnes et celle de la population du Morelos qui leur est fidèle dans sa majorité.

Mais que peuvent faire cet homme et ses partisans, toujours mal nourris et insuffisamment armés contre une armée de 40 000 soldats ? Il n'y a ni merci ni pardon dans cette lutte fratricide. Tout homme soupçonné de sympathie pour les zapatistes finit par être fusillé par le peloton d'exécution. Rares sont les familles du Morelos qui ne pleurent pas un des leurs disparus au combat, à la suite d'une vengeance ou de représailles. Zapata cherche à étendre son mouvement, paysan à l'origine, en se solidarisant avec les organisations naissantes des travailleurs et les milieux intellectuels, auxquels il adresse un appel dans ses dernières déclarations. Tout n'est pas qu'ordre et unité sous le gouvernement de Carranza. Quelques soulèvements spontanés éclatent et le général Obregon, le vainqueur des partisans de Villa, voit ajournées ses aspirations à succéder au président. Zapata pense que, parmi les rares chefs révolutionnaires qui subsistent, ce n'est qu'avec le général Obregon qu'il peut arriver à une entente. Il charge Dolores Jimenez Muro, qui avait collaboré à la rédaction du plan d'Ayala, de chercher un accord.

Dans les zones qui sont sous le contrôle de Zapata, la guerre alterne avec le travail de la terre qui doit subvenir aux besoins en vivres des combattants et de la population, où abondent veuves et orphelins. Le chef du mouvement lui-même collabore à de nombreuses reprises à ces tâches avec les quelques soldats qui lui restent. Beaucoup ont trouvé la mort dans les combats, certains sont passés du côté de Carranza, d'autres ont été fusillés suite à une accusation de trahison. Etant donné que ni la supériorité militaire, ni les compensations économiques qui lui sont offertes ne parviennent à faire changer d'avis Zapata, on cherche une autre solution. Le colonel Guajardo fait semblant d'avoir rompu avec le gouvernement et fait savoir à Zapata qu'il se joindre avec ses troupes aux rebelles. Ce mensonge subtilement tramé excite la méfiance du chef du sud.

Montant le cheval dont le colonel lui a fait cadeau, il part au matin du 10 avril 1919 pour une entrevue avec Guajardo. Il ne demande pas à sa troupe de l'accompagner et il n'est escorté que de quelques hommes.

2. L'appel du clairon, signe de mort

Devant la propriété agricole de Chinameca, quartier général de celui qu'il considère comme son futur allié, une formation de soldats l'attend pour lui rendre les honneurs. Un clairon sonne son arrivée : c'est un signal. Toute la garnison tire sur lui, le cavalier et sa monture tombent criblés de balles. Discutée, controversée, la personnalité d'Emiliano Zapata est encore aujourd'hui pour nombre de mexicains un symbole, une légende vénérée.

> "Cloches de villa Ayala, Pourquoi résonner si tristement ? C'est que Zapata vient de mourir, Et que Zapata était un homme courageux."

La survie de l'Etat mexicain post-révolutionnaire, compromis entre la nouvelle classe politique née de la période de lutte militaire et des secteurs de l'ancienne oligarchie foncière, dépendait essentiellement de sa capacité à maintenir une hégémonie idéologique et un contrôle politique sur les travailleurs agricoles et la paysannerie, d'une part, et la classe ouvrière en formation, de l'autre. Le prélude à la formation du nouvel Etat fut le meurtre de Zapata lui-même, en 1919, parce qu'il n'aurait pas toléré un consensus faisant de lui un membre de la nouvelle élite dirigeante abandonnant à jamais l'engagement envers la socialisation des terres. On a prétendu que Zapata était un révolutionnaire paysan dont les buts se bornaient à une réforme agraire radicale, et qu'il était incapable de briser avec un tel cadre limité pour prendre en compte les connexions entre les secteurs séparés de la lutte des classes –

et qu'en conséquence son mouvement n'était guère plus qu'une jacquerie, un soulèvement paysan. Adolfo Gilly, entre autres, fournit la preuve qu'au cours de la lutte armée la vision de Zapata avait évolué, s'était développée et profondément transformée.

Mais les circonstances et le rythme de ce changement, et les asymétries entre les développements politiques en dehors et à l'intérieur du propre mouvement de Zapata fournissent la structure narrative de l'histoire de cette « révolution inachevée » et suggèrent des parallèles entre le vécu de Zapata lui-même et le mouvement qui devait prendre son nom quelque 80 ans plus tard.

La base de Zapata était l'Etat de Morelos, au sud du Mexique, et la province voisine de Puebla. Le Morelos était un centre de l'industrie sucrière en expansion dans le Mexique du début du 20ème siècle ; la croissance des plantations s'était réalisée aux dépens des communautés rurales qui possédaient et travaillaient la terre, souvent de manière communale, pour produire essentiellement des cultures alimentaires. En même temps que les plantations connaissaient une expansion, leurs terres étaient envahies et volées avec le soutien actif de la célèbre guardia rural, les gardes ruraux armés, commandés et contrôlés par celui qui était depuis 30 ans le dictateur du Mexique, Porfirio Diaz. Le manifeste révolutionnaire que Zapata proclama en février 1911, le Plan de Ayala, exprimait les revendications de sa classe de petits fermiers et de leurs communautés – pour des droits fonciers communaux et la liberté politique. En forgeant une alliance avec la vieille classe des propriétaires fonciers, les dirigeants du nouvel Etat mexicain se tournèrent contre le mouvement rural.

Fin novembre 1914, Zapata et Pancho Villa entrèrent à Mexico, mettant fin à la tentative de Victoriano Huerta de restaurer l'ancien régime. Pendant un mois ou deux ils eurent le contrôle effectif du gouvernement. Mais aucun n'avait envisagé la conquête du pouvoir d'Etat – et ils se retirèrent sur leurs bases régionales. Il n'y avait aucun doute que leur présence dans la capitale avait effrayé la nouvelle bourgeoisie – ils avaient expulsé la menace contre-révolutionnaire de Huerta, mais, cela fait, devinrent eux-mêmes un obstacle à la constitution d'un nouvel Etat national. En l'espace d'un mois, Carranza, un riche propriétaire terrien qui avait été gouverneur d'Etat sous la dictature de Diaz, devint le dirigeant du nouveau Mexique. Son projet national fut clairement défini par un premier décret reconnaissant le droit à la propriété privée de la terre. Il était évident, dès lors, qu'il considérait comme sa tâche primordiale de mobiliser des forces contre Zapata et Villa, y incluant les tristement célèbres Bataillons Rouges engagés contre Zapata. Au fur et à mesure que l'offensive contre Zapata progressait, il fut de plus en plus repoussé dans sa place forte du Morelos où il était pratiquement assiégé.

En même temps, cependant, Zapata et ses conseillers mettaient en place une série de décrets et créaient un ensemble d'organisations à l'intérieur de la province assiégée, qui suggèrent que la pensée sociale et politique de Zapata s'orientait rapidement dans un sens de plus en plus radical. Assiégé par une armée nationale, Zapata commença à reconnaître la nécessité d'une alliance entre les paysans et les ouvriers, de la socialisation de la terre et de la propriété, et de formes démocratiques radicales. Il n'était d'aucune manière un paysan illettré – il avait été en contact avec les idées anarchistes dès son plus jeune âge. La méfiance envers la bourgeoisie qu'elles professaient et l'accent mis sur l'action de masse l'avaient convaincu, mais son refus de considérer les problèmes du pouvoir politique et du contrôle de l'Etat expliquent en grande partie la décision de Zapata de se retirer de Mexico (et de la bataille pour la conquête du pouvoir) au début de 1915. Sa reconsidération critique de cette expérience se produisait (tragiquement) dans les circonstances du siège, avec peu de possibilités de rentrer en contact avec le mouvement urbain de la classe ouvrière.

3. Pancho Villa et Emiliano Zapata à Mexico

Après ce succès, Zapata qui n'aime guère la capitale retourne dans son Etat du Morelos où il pense être enfin tranquille. Mais bien vite, il est déçu par Carranza qui semble oublier les raisons qui l'ont mené au pouvoir. Il élabore une nouvelle constitution (qui est toujours en vigueur), ramène peu à peu la paix dans le pays et trouve finalement la notoriété qu'il avait souhaitée lorsque les Etats-Unis finissent par le reconnaître comme le légitime président du Mexique. Zapata continue de s'opposer à lui mais son action trouve moins d'écho auprès d'une population qui s'est vite lassée des manœuvres politiques de ses dirigeants : tout le monde aspire au calme.

Il faut dire que Carranza n'hésite pas à employer les grands moyens pour pacifier les zones qui lui échappent : incendies, pelotons d'exécution, destruction des outils et du bétail, et même l'aviation qui trouve ici sa première utilisation guerrière. Il pense réduire à néant ses anciens alliés mais sans grands résultats. Zapata reste toujours entouré d'une troupe de fidèles qui tiennent toujours à leur idéal. Mais ce n'est pas le cas de tous : Pancho Villa, lui, préfèrera négocier et se tiendra tranquille en échange de cadeaux. Zapata qui est resté incontrôlable et toujours potentiellement dangereux se marginalise rapidement. Carranza décide finalement de le trahir et le fait assassiner en 1919. Serait-ce alors la fin de 17 ans d'anarchie ? Il semble bien que la mort de Zapata signe la fin, d'autres diront la mort, de la Révolution de 1910.

> « Cloches de la ville d'Ayala
> Pourquoi tintez-vous si tristement ?
> C'est que Zapata est mort
> Et Zapata était un vaillant.
> Une grenouille dans une flaque
> Chantait dans sa sérénade :

Où pourrait-on trouver meilleur cavalier
Que mon général Zapata ?
« Il est né parmi les pauvres, il a vécu parmi les pauvres
Pour les pauvres il combattait ;
Je ne veux ni richesses ni honneurs,
Voilà ce qu'il disait à tous.
Zapata est mort en héros.
Pour nous donner la Terre et le Liberté.
Sur le bord du chemin
J'ai trouvé un lis blanc
Je l'ai porté en offrande
Sur la tombe de Zapata. »

« Zapata 2 »

Aujourd'hui, Emiliano Zapata reste présent dans tous les cœurs. Et une source d'inspiration pour les artistes mexicains. Il reste aussi une référence pour les opposants au régime. La réforme agraire, les droits des Indiens, la démocratie, tous ces combats ne sont pas encore terminés. Au Chiapas, depuis 1994, le sous-commandant Marcos à la tête de l'*Armée zapatiste de libération nationale* mène la lutte contre le pouvoir central, se réclamant toujours de l'idéal de Zapata. En mars 2001, le dialogue semble se renouer entre les rebelles et le gouvernement de Vicente Fox (élu depuis juillet 2000 et qui avait fait du*« problème du Chiapas »* l'un des enjeux majeurs de son élection). La marche de 3000 km à travers le pays avec Marcos à sa tête, ainsi que 23 de ses commandants et de nombreuses personnalités, et médiatiquement appelé le *« Zapatour »*, doit le conduire à Mexico le 11 mars où un rassemblement doit se tenir sur la Zócalo, la grande place devant le Palais Présidentiel. En guise de symbole, il traversera la ville en suivant le même chemin qu'avait suivi Zapata lorsqu'il prit possession de Mexico avec son armée révolutionnaire en 1914. Sortant enfin de la clandestinité, il pourra prendre la parole au nom des pauvres et des Indiens qui attendaient depuis 80 ans l'arrivée de ce nouvel espoir.

Chapitre onze
Le règne de Napoléon Bonaparte

I. Le bonapartisme

La suite des événements révéla cruellement les limites d'une révolution purement paysanne. Le meurtre de Zapata priva le mouvement paysan de toute possibilité de se développer comme une force cohérente et centralisée. Zapata n'avait pas de parti, et son assassinat avait pour objectif de désorganiser et d'atomiser le mouvement révolutionnaire des campagnes.

Cela réussit.

Le mouvement révolutionnaire se scinda en de nombreuses fractions. Le pays entier sombra dans le chaos. Des unités de guérilla isolées parcouraient le pays en brûlant des haciendas et des ranchs. Elles dégénéraient souvent en groupes d'hommes se livrant à du banditisme pur et simple.

Aucune société ne peut subsister dans un état d'instabilité permanente. Les capitalistes aspiraient à « l'ordre ». Les masses étaient épuisées et leurs dirigeants n'avaient pas de perspectives. Finalement, la bourgeoisie mexicaine réussit à désamorcer la situation et à démobiliser les armées révolutionnaires paysannes. Le politicien bourgeois Venustiano Carranza – qui, en 1917, avait pris la présidence du pays – fit voter une nouvelle Constitution dont le point central était la réforme agraire. Une grande partie des terres fut distribuée aux paysans. Mais c'est la bourgeoisie qui en sortait réellement victorieuse.

De même que la Révolution Française s'acheva par le règne de Napoléon Bonaparte, la Révolution Mexicaine s'acheva sur un régime bourgeois de type clairement bonapartiste. La bourgeoisie mena une contre-révolution *sous la bannière de la Révolution,* qui devint alors une « Institution ». Le PRI (Parti Révolutionnaire Institutionnel) était un parti bonapartiste grâce auquel la bourgeoisie tentait de déguiser sa politique de classe. Après Carranza, d'autres politiciens ont mené des réformes, par exemple dans l'éducation et le domaine agraire. En manœuvrant habilement entre les classes, la bourgeoisie mexicaine est parvenue à un degré de stabilité exceptionnel, en Amérique latine, pendant une longue période.

Rejeton de la Révolution Mexicaine, le PRI a toujours eu une aile gauche, qui s'appuyait sur les paysans et les ouvriers pour porter des coups à l'impérialisme. L'un des plus radicaux de ces dirigeants de gauche était le Général Cardenas. Il nationalisa l'industrie pétrolière mexicaine, en 1938. L'héritage de Lazare Cardenas a fourni au PRI une base de soutien durable, qui a duré pendant des décennies. Pendant plusieurs décennies, le PRI régna sans partage, grâce à une combinaison de ruse, de corruption et de violence. Mais à présent, c'est terminé. Une nouvelle période de turbulences s'est ouverte, au Mexique.

Lors de la campagne de 1812, la légende raconte que Napoléon Bonaparte aurait eu cette phrase à propos de Morelos: "*Avec cinq généraux comme Morelos, je pourrais conquérir le monde*". Héros majeur de l'indépendance du Mexique, Morelos a donné son nom à un Etat de la république.

2. L'héritage que nous défendons

La révolution de 1910-20 a marqué un grand bond en avant, pour le Mexique. Elle a *partiellement* résolu la question agraire. Elle a détruit le pouvoir de la vieille oligarchie corrompue qui avait jusqu'alors dirigé le Mexique. Elle a posé les bases d'une industrialisation du pays, et donc de l'émergence d'une puissante classe ouvrière mexicaine.

142

Mais en dernière analyse, la révolution est restée incomplète, inachevée et bancale.

La raison de cet échec était l'absence, dans les centres urbains, d'une classe révolutionnaire consciente et capable de fournir une direction cohérente au mouvement fougueux et héroïque de la paysannerie révolutionnaire. Le mouvement de la classe ouvrière mexicaine était encore embryonnaire. Cet état d'immaturité se reflétait dans la domination des anarchistes, qui ont semé leur confusion habituelle.

Un siècle plus tard, la situation est complètement différente. La majorité de la population vit dans les villes. Le poids relatif du salariat s'est énormément accru. Avec les masses semi-ouvrières et les pauvres des villes et des campagnes, les travailleurs mexicains constituent la majorité décisive de la société. Ils sont les dignes héritiers des traditions de Zapata et de la Révolution Mexicaine. Ils ont le pouvoir potentiel de transformer la société de haut en bas. Mais pour que ce potentiel colossal soit réalisé, certaines conditions sont nécessaires.

Dans toute société moderne, le pouvoir de la classe ouvrière est manifeste. C'est un produit nécessaire de l'industrie moderne et des rapports de production établis par le capitalisme lui-même. Pas une roue ne tourne, pas une ampoule ne brille, pas un téléphone ne sonne sans la permission de la classe ouvrière. C'est un pouvoir colossal – mais la plupart des travailleurs ne savent pas qu'ils ont ce pouvoir.

Les influences culturelles et la Révolution

Il est paradoxal de constater qu'après la guerre entre les deux pays, le porfiriat est la période historique pendant laquelle les influences culturelles françaises se sont le plus enracinées, au point que les élites porfiristes se voulaient elles-mêmes *afrancesadas*. Malgré cela, les recherches sur les relations franco-mexicaines de cette période sont moins nombreuses, même si elles touchent des aspects importants, comme la réconciliation diplomatique ou les influences culturelles, ainsi que la détermination des enjeux internationaux pendant la Révolution.

"Notre politique est fixée depuis longtemps, le Président et le Congrès l'ont proclamée. L'Espagne, l'Allemagne et l'Italie s'y sont soumises. Si nous agissions autrement avec la France, l'auteur de la guerre, le pays entier nous lapiderait."

Le second problème concerne l'origine même de l'agression : les réclamations de la dette extérieure (fondées sur la légitimité supposée des bons Jecker, prétexte fourni par Morny -- qui devait partager le bénéfice de la validité des bons -- à son frère, Napoléon III). Pour les Mexicains, il n'était pas question, comme l'exigeaient les bonapartistes et quelques monarchistes français, d'accepter ces dettes et de reconnaître les emprunts dits "Maximilien" qui avaient financé les troupes d'occupation, ni même de consentir aux réparations pécuniaires des effets privés de la guerre. Bien au contraire, comme le montre la correspondance publiée par de Robina, selon certains libéraux mexicains, et même quelques républicains français, le Mexique, agressé par la France, pouvait légitimement demander des réparations à celle-ci !

3. La révolution mexicaine et ses doutes

Pourquoi le régime de Porfirio Diaz, s'effondra-t-il si facilement ?

Pourquoi Madero fut-il, non seulement assassiner ? Mais pourquoi que son assassinat conduisit-il à une lutte des factions particulièrement sanglante ? (près d'un millions de morts sur une population de 15 millions d'habitations, de 1910 à 1920).

Comment le projet des généraux sonoriens (Obrégon et Callés) qui prirent le dessus à partir de 1920, ont-ils parachevé le projet centralisateur de Porfirio Diaz, en créant un parti-état non totalitaire, le Parti National Révolutionnaire qui deviendra le Parti Révolutionnaire Institutionnel ?

« Cet ogre philanthropique » dira Octavio Paz et qui régna pendant 71 ans.

Toutes ces questions nous ramènent à un constat : Ce sont les similitudes qu'il y a entre le régime de Porfirio Diaz et ceux des généraux révolutionnaires. On compare la situation mexicaine à celles d'autres pays du tiers monde et la révolution mexicaine à celle de Cuba.

4. Les atrocités de la révolution

N'oublions pas cette violence omniprésente dans l'histoire du Mexique, la tuerie de Tlatelolco, « le temps des troubles » (1914-1920), moment des affrontements entre les différentes factions révolutionnaires, après l'assassinat de Madéro, (surnommé « l'apôtre de la démocratie »).

Et les massacres au niveau des « éjidos », où dans la région de Naranja (Michoacan) eut lieu pendant des années « une folie meurtrière mexicaine » où tout le monde s'entretuait.

L'éjido de Autchen à même le triste record d'être appelé « l'éjido des veuves », car tous les hommes y sont morts dans d'atroces affrontements.

5. L'éjido, la répartition agraire

L'éjido qui veut dire terres attribués collectivement, pose d'énormes problèmes d'injustices, les groupes rivaux qui luttent pour garder leurs positions de privilégiés, sans compter les leaders, les généraux qui se servent avant les péonés et les caciques municipaux, eux-mêmes clients du gouverneur qui se sont bien servis et profite de la situation pour en faire un commerce.

On peut dire que la révolution a brisé le vieux système agraire, il a même laissé la place à de jeunes paysans, ambitieux, énergiques et avides. Ceux-là même qui dirige les éjidos et qui se servent en servant le gouvernement, jadis pauvres, ils ont rapidement oubliés les paroles de justices en se mettant dans le plaisir du privilège : Ils deviennent les ennemis de la communauté et redeviennent individualistes.

6. López Obrador, un homme à éliminer
Un danger pour les américains

Faisons un parallèle avec la nature. La vapeur aussi a elle aussi un pouvoir énorme. C'est la base de la révolution industrielle. Mais la vapeur ne représente un pouvoir réel – et non seulement potentiel – que lorsqu'elle est canalisée et concentrée en un point, à travers un piston. En l'absence de ce mécanisme, la vapeur se dissipe dans l'atmosphère sans être utilisée. L'équivalent politique du piston est le parti et la direction révolutionnaires.

On peut le vérifier à la lumière de l'histoire mexicaine récente. Le pouvoir immense de la classe ouvrière s'est manifesté lors du mouvement massif de 2006. Ces événements ont mis en évidence l'importance fondamentale d'une direction. La classe dirigeante mexicaine et ses maîtres, à Washington, étaient terrifiés par la perspective d'une victoire d'Andrés Manuel Lopez Obrador (AMLO pour les intimes), le candidat de la gauche, du PRD. Ils ont donc fait le nécessaire pour truquer les élections.

Comme chacun le sait, il n'y a rien de nouveau là-dedans. Il serait difficile de trouver une élection qui n'ait pas été truquée, au Mexique ! Mais cette fois-ci, les choses se sont passées différemment. Des millions de Mexicains sont

146

descendus dans la rue pour protester contre la fraude électorale. Ils ont campé sur la place du Zocalo et résisté à toutes les tentatives de les déloger. Ce mouvement magnifique des masses aurait pu conduire à une authentique révolution.

Si les dirigeants du PRD avaient appelé à la grève générale, à la mise en place de comités démocratiquement élus de travailleurs, de paysans, de chômeurs, de femmes et de jeunes, la voie aurait été libre pour transférer le pouvoir aux travailleurs et aux paysans. Mais cela n'a pas été fait. L'énergie des masses s'est progressivement dissipée, comme de la vapeur dans l'atmosphère, et l'occasion a été perdue.

Cependant, ce n'est pas la fin de l'histoire. Le gouvernement Calderon ne peut pas faire ce que la bourgeoisie a fait par le passé. La crise du capitalisme signifie qu'il n'y a pas de marge de manœuvre. La classe dirigeante est obligée de s'attaquer aux conditions de vie et aux droits des Mexicains. C'est la raison de l'attaque brutale contre le syndicat des électriciens. Mais les travailleurs mexicains ne resteront pas les bras croisés pendant que les banquiers et les capitalistes détruisent toutes les conquêtes sociales du passé.

Une nouvelle Révolution Mexicaine, une révolution socialiste se prépare. Elle aura un impact des milliers de fois plus importantes que la première Révolution Mexicaine. Elle enverra des ondes de choc à travers toute l'Amérique Centrale et l'Amérique du Sud, provoquant partout des soulèvements révolutionnaires. Et les effets d'une révolution ouvrière au Mexique ne s'arrêteront pas au Rio Grande.

Il y a longtemps, Porfirio Diaz prononça la phrase célèbre : « Pauvre Mexique, si loin de Dieu et si près des Etats-Unis. » Mais la dialectique impitoyable de l'Histoire a renversé cette relation. L'impérialisme américain, qui a longtemps exploité et opprimé le Mexique et le reste de l'Amérique latine, vit désormais dans la peur de la vague révolutionnaire qui secoue le continent. L'Etat le plus puissant au monde peut élever des barrières pour empêcher l'entrée d'êtres humains sur son territoire, mais il ne pourra pas empêcher la pénétration d'idées révolutionnaires.

La crise globale du capitalisme frappe durement les Etats-Unis. Pour des millions de gens, le rêve américain est devenu un cauchemar. Les politiciens de Washington conspirent en permanence contre le gouvernement d'Hugo Chavez, parce qu'ils comprennent que la révolution vénézuélienne est un point de référence pour les pauvres de toute l'Amérique latine. Ils ont conspiré contre Lopez Obrador, lors des élections de 2006, car ils avaient peur de se retrouver avec un deuxième Chavez – et cette fois-ci juste à leur frontière. Les craintes de l'impérialisme américain sont tout à fait fondées. Désormais, la population hispanique est la première minorité ethnique des Etats-Unis. Elle est composée, pour l'essentiel, des sections les plus pauvres et les plus exploitées de la société. Les mobilisations récentes de travailleurs immigrés, aux Etats-Unis, ont révélé un potentiel révolutionnaire considérable.

Une révolution au Mexique serait l'étincelle mettant le feu aux poudres. Elle se répandrait rapidement à toute la société américaine, posant la question d'un changement fondamental dans le plus puissant des Etats capitalistes au monde.

La Révolution Mexicaine de 1910 fut une anticipation glorieuse des événements à venir. Elle a secoué la société mexicaine de sa léthargie et a préparé une grande révolution culturelle. La musique, la littérature et l'art mexicains sont célébrés à juste titre, comme le sont les réalisations de l'anthropologie, de l'architecture et de la science mexicaines. Les noms de Diego Rivera, Orozco, Ponce, Revueltas sont internationalement reconnus. Ils sont les enfants de la Révolution Mexicaine et seraient impensables, sans elle.

Si la révolution bourgeoise, au Mexique, a eu de si puissants effets, on peut à peine imaginer ce que sera l'impact d'une révolution socialiste, dans ce pays. Un plan de production socialiste réveillera le potentiel colossal du peuple mexicain. Il mobilisera le grand potentiel productif et culturel de ce pays et accomplira une révolution culturelle, artistique et scientifique telle que le monde n'en a jamais vu. Pour nous, la révolution mexicaine n'est pas un souvenir lointain. C'est une fenêtre sur l'avenir, un avenir plein d'espoir et d'inspiration pour le peuple du Mexique et du monde entier.

« Toutes les révolutions ont souvent leurs grandes figures incontournables mais aussi leurs héros anonymes ou méconnus. La révolution mexicaine qui célèbre cette année son centième anniversaire n'échappe pas à la règle ».

Chapitre douze
Après la révolution

I. La faiblesse de la Révolution Mexicaine

Dans sa théorie de la révolution permanente, Léon Trotsky expliquait que la bourgeoisie des pays retardataires est incapable de mener à bien les tâches de la révolution bourgeoise-démocratique, du fait de ses liens avec les grands propriétaires terriens et les impérialistes. Les banques ont des hypothèques sur des terres, les industriels ont de grandes propriétés dans le pays, les propriétaires terriens investissent dans l'industrie, etc. Tous sont liés entre eux et à l'impérialisme par une multitude d'intérêts qui les conduit à s'opposer à tout changement important.

Ainsi, dans la Russie de 1917, les tâches de la révolution bourgeoise-démocratique sont retombées sur les épaules de la classe ouvrière. Mais celle-ci, après s'être placée à la tête de la paysannerie et de la majorité de la nation, ne pouvait pas s'arrêter aux tâches bourgeoises-démocratiques que sont l'expropriation des propriétaires terriens, l'unification de la nation et l'expulsion des impérialistes. La classe ouvrière russe s'attaqua immédiatement aux tâches socialistes : l'expropriation de la bourgeoisie et la construction d'un Etat ouvrier. *C'est seulement en suivant cette voie que l'énorme potentiel de la Révolution Mexicaine aurait pu conduire à une transformation sociale complète.*

La faiblesse de la Révolution Mexicaine était la faiblesse d'une révolution paysanne. La paysannerie était assez forte pour renverser l'ordre existant, mais pas assez pour peser de façon décisive sur le destin du Mexique. La paysannerie est une classe d'individus qui ne sont pas liés les uns aux autres par le processus de production. Cette classe a souvent joué le rôle d'auxiliaire de la bourgeoisie, qui l'a utilisée pour renverser ses ennemis féodaux et s'installer elle-même au pouvoir.

La décrépitude de l'ordre établi était telle, au Mexique, que les insurgés mexicains réussirent à prendre le dessus sur les forces gouvernementales, dans leurs régions respectives. En mai 1911, Díaz démissionna. Madero fut élu président du pays. Mais le nouveau gouvernement bourgeois ne répondit pas aux attentes de la paysannerie insurgée. Sous la direction d'Emiliano Zapata, la guerre paysanne continua. Madero exhorta les paysans à attendre patiemment une réforme agraire en bonne et due forme, mais les paysans avaient entendu trop de promesses creuses de la part de gouvernements qui prétendaient se soucier de leurs intérêts.

2. Une guerre révolutionnaire

Madero prit le pouvoir en novembre 1911. Mais il fut arrêté et exécuté par des officiers réactionnaires en février 1913. Cela provoqua un nouveau soulèvement paysan. Zapata prit le pouvoir dans l'Etat de Morelos, où il mena à bien un programme agraire révolutionnaire. Il expulsa les propriétaires terriens et distribua leurs terres aux paysans. Les armées de Zapata et de Villa réussirent à vaincre un adversaire plus puissant, sur le papier, parce qu'elles menaient une guerre révolutionnaire contre des exploiteurs.

On retrouve ce phénomène dans toutes les révolutions. Comment les volontaires va-nu-pieds de la Convention, ont-ils vaincu les armées royalistes d'Europe pendant la révolution française ?

Comment l'Armée Rouge bolchevique a-t-elle réussi à vaincre les 21 armées étrangères qui sont intervenues, en Russie, entre 1917 et 1920 ? Dans tous les cas, les soldats révolutionnaires, recrutés dans les couches les plus pauvres de la population, ont vaincu parce qu'ils étaient portés par l'ardent désir de tout sacrifier, y compris leurs propres vies, à la cause de la révolution. Au contraire, les armées apparemment terribles des vieux régimes étaient constituées de mercenaires ou d'esclaves qui se battaient pour une cause à laquelle ils ne croyaient pas.

La révolution agraire aurait pu être le point de départ d'un renversement social complet, au Mexique, à l'instar de la révolution russe de 1917. Mais la différence est que les paysans mexicains n'ont pas trouvé de direction révolutionnaire, dans les villes. En conséquence, l'héroïsme des paysans n'a servi que de marchepied à la bourgeoisie mexicaine. Une fois au pouvoir, la bourgeoisie prépara la trahison de ses alliés paysans.

La couche supérieure de la bourgeoisie mexicaine craignait, à juste titre, que la solution révolutionnaire à la question agraire soit le début d'un assaut généralisé contre la propriété privée capitaliste. Son premier acte fut de se débarrasser du plus courageux des dirigeants révolutionnaires paysans. En 1919, Zapata fut assassiné.

3. Les premières grandes luttes

Les premières grandes luttes qui annoncèrent la révolution et exprimèrent le mécontentement national ne sortirent pas de la paysannerie mais du prolétariat industriel. La première décennie du siècle fut celle des grandes grèves ouvrières, et non celle des soulèvements paysans locaux. Ces grèves, résultat direct de la crise mondiale, furent l'expression du mécontentement et de l'inquiétude sociale diffuse des masses, sur les lieux mêmes du développement économique. En 1903, 1906 et 1908, trois grandes grèves des chemins de fer eurent pour centre la ville de San Luis Potosi. Cependant, ce furent les mineurs et les ouvriers du textile qui, en réponse à la répression, annoncèrent par des grèves de type insurrectionnel, la tourmente qui s'approchait.

Le 1er juin 1906, les mineurs de Cananea, mine de cuivre du nord de la Sonora exploitée par une société nord-américaine, se mirent en grève pour exiger la destitution d'un contremaître, un salaire minimum de cinq pesos pour huit heures de travail, plus de respect pour les travailleurs. Ils exposaient leurs revendications dans un manifeste qui attaquait le gouvernement dictatorial en tant qu'allié des patrons étrangers. Sept mois plus tard, éclatait la seconde grève annonciatrice du déclin de la dictature. Vers le milieu de l'année 1906, les ouvriers du textile de Rio Blanco, dans l'Etat de Veracruz, organisèrent le Grand Cercle des ouvriers libres. Des cercles semblables ne tardèrent pas à se former à Puebla, Querétaro, Oaxaca, dans le Jalisco et dans le District Fédéral. Les groupements patronaux, dirigés par le centre industriel de Puebla - traditionnellement un des plus réactionnaires de tout le pays - interdirent aux ouvriers de s'organiser, sous peine de licenciement. Les travailleurs répondirent par des grèves et des arrêts de travail.

Le 4 décembre 1906, éclata une grève générale du textile dans les Etats de Puebla et Tlaxcala. Le 14 décembre, la direction du mouvement sollicita l'arbitrage du président

Porfirio Diaz et le 24 les patrons imposèrent un lock-out et laissèrent sans travail quelque 30.000 ouvriers d'industrie dans le centre et le sud du Mexique. Finalement, le 5 janvier 1907, une sentence arbitrale présidentielle qui niait aux travailleurs le droit de s'organiser, fut publiée. Elle ordonnait, pour le 7 janvier, la reprise du travail dans les 96 entreprises textiles en grève.

Ce jour-là, les 5000 ouvriers du textile de Rio Blanco refusèrent de travailler. Ils se massèrent aux portes de l'usine pour empêcher quiconque d'entrer. Des agents de l'entreprise les attaquèrent et un ouvrier fut tué. L'armée, embusquée, ouvrit le feu sur la foule. Dans ce massacre, il y eut des centaines de morts et de blessés. Ensuite, l'armée organisa la chasse à l'ouvrier, rue par rue et maison par maison. Le 8 janvier, Rafael Moreno et Manuel Juarez, le président et le secrétaire du Grand Cercle des ouvriers libres, furent fusillés face aux décombres de la « tienda de raya » de Rio Blanco. Les organisations qui contribuèrent à la préparation et à la direction des deux grèves étaient liés au Parti Libéral mexicain dirigé par Ricardo Flores Magon. En juillet 1906, fut publié à Saint-Louis (Missouri – Etats-Unis) le nouveau programme du PLM (parti libéral mexicain), représentatif du nouveau tournant idéologique qui était en gestation depuis 1904 au moins.

Ce programme appelait au renversement de la dictature et à la réalisation d'une série de réformes politiques et sociales : élections libres, non réélection du président, suppression des caciques, c'est-à-dire des notables et chefs politiques locaux, enseignement laïc, instruction obligatoire jusqu'à quatorze ans, augmentation du salaire des maîtres, nationalisation des biens que le clergé avait mis au nom de ses hommes de paille, journée de travail de huit heures, repos dominical obligatoire, salaire minimum d'un peso ou plus selon le coût de la vie de chaque région, réglementation du travail à domicile et du travail des gens de maison, interdiction du travail des enfants de moins de quatorze ans, hygiène et sécurité des lieux de travail à la charge des patrons, indemnisation des accidents du travail, annulation de toutes les dettes des péons envers les propriétaire terriens et abolition de la « tienda de raya », restitution aux villages des terres communales et distribution des terres inexploitées aux paysans, garanties et protections pour les Indiens. Ce programme élaboré par ce qui était alors l'extrême gauche du libéralisme mexicain – un programme nationaliste et démocratique radical fut une étape dans l'évolution Ricardo Flores Magon.

Il passa ensuite à l'anarchisme, comprenant la nécessité d'une révolution sociale armée pour exproprier les capitalistes et les grands propriétaires terriens. Les magonistes ne se cantonnèrent pas dans la propagande, ils participèrent aussi à l'organisation des luttes. Et, en retour, celles-ci favorisèrent leur évolution. L'ensemble du mouvement ouvrier mexicain reçut l'influence des positions syndicalistes révolutionnaires de la Western Fédération of Miners et des IWW qui connaissaient alors leur grande période militante.

En juin 1908, Ricardo Flores Magon et ses compagnons organisèrent un des soulèvements précurseurs de la révolution et de ses méthodes. Ils avaient élaboré un plan pour soulever tout le pays le 25 juin. Le projet fut découvert et, la veille, on arrêta de nombreux militants. Seuls de petits groupes réussirent à prendre les armes à Viesca et à Las Vacas, dans le Coahuila, et à Palomas dans le Chihuahua.

Ils furent rapidement écrasés.

Les constants soulèvements paysans, épars dans le temps et l'espace, noyés dans le sang par la garde rurale ou l'armée fédérale, n'avaient eu jusqu'alors ni programme, si ce n'est un utopique retour au passé pour récupérer les terres spoliées, ni perspective nationale. Les luttes nationales de la première décennie du 20ème siècle, par contre, s'ouvraient vers l'avenir et tendaient à avoir une portée nationale : Cananea revendiquait la journée de huit heures et s'en prenait au gouvernement fédéral, Rio Blanco fut le point culminant d'une grève nationale du textile pour le droit à l'organisation syndicale.

L'opposition bourgeoise, timide au début du siècle, devint plus active. Francisco Indalecio Madero, membre d'une riche famille du Nord, possédant des terres et des industries proposa d'abord à la dictature une transaction qui aurait permis un retrait progressif de Diaz, mais ensuite, devant l'intransigeance du président, il lança le mot d'ordre de "non-réélection" et de libre suffrage. Ce qui intéressait Madero, comme d'autres politiciens de l'opposition bourgeoise, ce n'était pas de prendre la tête d'une révolution, comme celle qui finalement éclata entre leurs mains, mais de canaliser le mécontentement populaire en écartant le vieux dictateur et en lui assurant une succession pacifique et bourgeoise au travers de réformes politiques démocratiques.

Deuxième partie
La mémoire

I. La mémoire personnelle et historique
De l'histoire de la révolution

C'est la mémoire propre, personnelle, qui devient la mémoire historique, qui cherche à attacher l'individu dans l'avenir logique dans le mouvement du monde. Mémoire qui est étrangère à la froideur, qui situe chaque individu qui rappelle dans les limites d'une transformation profonde : cette chance de chronologie relative – celle de *l'avant de* et celle de *l'après de* – qui compare l'agonisant porfirisme avec la déferlante de la révolution. Elle recrée et revalorise, rappelle, invente et oublie : tel est le mécanisme de la mémoire. Le cas des vétérans zapatistes ajoute un élément singulier, unique, et pourrait ajouter *qu'elle est fascinante* : elle résout la tension entre l'individu, sa volonté personnelle et l'histoire comme *évolution,* dans le bon sens du terme. La révolution du Sud a déterminé son existence en tant qu'hommes : eux, leur génération, ont été le point final d'un grand processus de coexistence inégale entre les populations paysannes et les haciendas (fermes). Pour les zapatistes, leur souvenir ordonné des choses et des faits était une preuve de leur caractère *ontologique*, de sa raison d'être, ils étaient la personnification d'un destin, d'une histoire seulement en apparence *malheureuse et hasardeuse.*

La mémoire zapatiste ainsi, s'explique à l'homme : son monde est plein d'injustices, mais ce n'est pas hasardeux, on sait les noms des lieux, des personnes, de leurs *destins.* On connaît aussi les moments où la vie simple devient un événement mémorable. Se souvenir n'est pas toujours facile, la fonction de la mémoire n'est pas la gratification de celui qui relate ses

157

souvenirs, mais de construire des identités. Un chroniqueur d'une revue littéraire, qui se reconnaît comme indigène, donne une explication du caractère ethnique des zapatistes : « Eh bien, ici dans la révolution, le plus grand nombre qui ont *levés les armes* étaient des indigènes, parce que ceux-ci ont été ceux qui ont ressenti le plus la force *oppressante* du propriétaire terrien ». Mais la mémoire fait des différenciations internes à peine perceptible. Les zapatistes étaient des révolutionnaires, « des pures paysans qui travaillaient dans les fermes. Précisément dans les haciendas et précisément pour cette raison... à cause des brimades qu'ils supportaient dans les fermes (haciendas), certains se sont élevés. Pour ces raisons, ils sont parvenus à rassembler 1000 hommes environ. Ils se sont organisés peu à peu, de village en village, et ils ont augmenté progressivement. Ils étaient peu approvisionné en armes, mais ils avaient une certaine puissance».

Les paysans venaient d'endroits différents, ils étaient reconnaissables par leurs *tenues hétéroclites,* par des détails vestimentaires.

Jusqu'au début de *la révolution,* le pauvre n'avait aucune garantie de voir s'améliorer leur vie car les propriétaires fonciers se donnaient la main pour les laisser dans la misère.

Mais, qu'allons-nous faire alors? Se demandaient-ils. Ils mettaient dos à dos, le Gouvernement et les propriétaires fonciers, « los *cabrones », disaient-ils. (Enfoirés, mais à consonance plus forte).* Jusqu'à ce que Zapata arrive qui lui, lutte contre ces propriétaires fonciers et veut distribuer les terres aux paysans.

Mais avant cela, tout était en faveur du Gouvernement, il n'admettait *rien et refusait tout.* Allait-il partager les terres ? Non, cela était impossible pour eux, l'injustice était grande pour les paysans, tout était pour les haciendas ?

Les relations de travail des haciendas à *caractère technique* et modernes avec les peuples, restaient encore assujetties *aux habitudes ancestrales.* Un colonel révolutionnaire rappela que les haciendas requéraient à des représailles appelé « *del tequio* ». Le représentant des haciendas disait qu'il était là pour surveiller la pratique habituelle, c'est à dire : « je vais semer deux terres, tous les paysans vont m'aider un jour avec l'attelage, à les mettre en jachère ou les cultiver, puis un autre jour ils vont m'aider à semer le champ de maïs ». L'attelage, le valet de ferme et l'ouvrier venaient de l'hacienda.

Finalement, le péon (paysan) devait rester paysan et continuer à vivre dans la misère pendant que les gens des haciendas vivaient dans l'opulence et maltraitaient ces pauvres paysans.

Un capitaine révolutionnaire, ne se rappelait pas d'une telle situation dans le village natal de Zapata en dépit de ce que déclaraient les hacendados sur le traitement des travailleurs. Il a travaillé dans plusieurs haciendas, et toutes étaient pareilles. Cela ne l'a pas plu car ce n'était que «a *puro chicotazo con chirriones* ».

Puis l'ancien régime s'écroula, et le début de la révolution commença, avec ses épisodes tragiques, pur produit de la guerre. Mais ces hommes du pouvoir ont racontés que les zapatistes construiraient une autre vie pour eux-mêmes, comme les acteurs d'une exploitation de justice en évolution. La mémoire, entre la réalité et le souvenir, a permis de voir la succession des évènements avec la logique déterminée du destin. La révolution, concept qui a acquis une signification presque religieuse, une histoire qui dépassa n'importe quel contrôle de la volonté humaine, s'annonça comme un succès prodigieux. Un paysan qui prit les armes rappelait, nous étions en train de transporter du maïs et j'ai trouvé une prophétie sur le chemin, un petit papier, où il était écrit « c'est déjà proche, les choses arrivent : la guerre arrive, la maladie arrive, la faim arrive et il va y avoir un signe d'en haut ». Et il parla aux petits vieux en leur disant : « Non, quoi ! Le Gouvernement de P. Diaz est bien, il a plus de 90 000 baïonnettes pour combattre la révolution ». « Et bien, qui sait, mais la révolution arrive. Maintenant, à quoi ça sert que nous discutions plus ? Il faut espérer, d'abord, il va y avoir un signe là-haut. C'était une étoile qui lançait plein de fumée. C'était comme une comète. Ainsi disait la prophétie ».

Plus au sud, à Jalisco, les paysans entendaient parler d'une révolution avec des langages voisins du militarisme. Le capitaine raconte le souvenir d'un premier contact, il découvre une histoire sacrée dans des temps profonds qui se sont sacralisés par l'association des idées de la mentalité paysanne, mélangé à la vision chrétienne enracinée profondément dans les habitudes des gens. Un autre capitaine raconte : « bah, de la *ola* (vague) de la révolution de Morélos, il disait : « Je ne sais pas ce que sera cette révolution de Morélos. Et nous demandons qui est ce Morélos. Bon, qu'on sait donc que la guerre a déjà éclaté dans le nord ».

Mais il y avait aussi des succès humains, accessibles et mémorables comme des évènements dérivés des relations sociales et des volontés individuelles. L'irruption de certains noms ressort, comme celui de Francisco I Madéro, celui de Doroteo Arango alias Pancho Villa et celui d'Emilio Zapata. La grande responsabilité, de faire une révolution qui serait bénéfique aux plus déshérités de toute la nation mexicaine, retomberait sur leurs épaules. Dans le cas zapatiste, hommes et succès rentrent dans *une sorte d'entonnoir,* de filtre, qui transforme ce fait rapporté en histoire linéaire, en micro-histoire intime, personnelle. Les oublis surprennent : Six décades après l'éclatement de la rébellion, personne ne s'est souvenu, par exemple, du conflit électoral de 1909, qui mena l'impopulaire hacendado et le lieutenant-colonel au gouvernement de l'Etat du Morélos, on n'a mentionné aucun parti politique non plus, ni groupements, opposés à l'alliance entre les hacendados et P. Diaz, ni des organisations qui furent la racine généalogique du Zapatisme. Aucune mention sur un général, peut-être le principal promoteur du discours anti-hacendado dans son versant xénophobe, (et de l'utilisation d'un lexique singulier où les mots « gachupines », « espagnoles » et « hacendados »

160

étaient presque des synonymes, personnification de l'injustice), une mémoire construite des décennies après la guerre. Dans d'autres aspects, la mémoire est restée fidèle, exacte. La précision est celle de celui qui témoigne, proche de celui qui s'informe des évènements.

Avant dernier chapitre
Et maintenant

López Obrador,Un homme à éliminer,
Un danger pour les américains

Faisons un parallèle avec la nature. La vapeur aussi a elle aussi un pouvoir énorme. C'est la base de la révolution industrielle. Mais la vapeur ne représente un pouvoir réel – et non seulement potentiel – que lorsqu'elle est canalisée et concentrée en un point, à travers un piston. En l'absence de ce mécanisme, la vapeur se dissipe dans l'atmosphère sans être utilisée. L'équivalent politique du piston est le parti et la direction révolutionnaires.

On peut le vérifier à la lumière de l'histoire mexicaine récente. Le pouvoir immense de la classe ouvrière s'est manifesté lors du mouvement massif de 2006. Ces événements ont mis en évidence l'importance fondamentale d'une direction. La classe dirigeante mexicaine et ses maîtres, à Washington, étaient terrifiés par la perspective d'une victoire d'Andrés Manuel Lopez Obrador (AMLO pour les intimes), le candidat de la gauche, du PRD. Ils ont donc fait le nécessaire pour truquer les élections.

Comme chacun le sait, il n'y a rien de nouveau là-dedans. Il serait difficile de trouver une élection qui n'ait pas été truquée, au Mexique ! Mais cette fois-ci, les choses se sont passées différemment. Des millions de Mexicains sont descendus dans la rue pour protester contre la fraude électorale. Ils ont campé sur la place du Zocalo et résisté à toutes les tentatives de les déloger. Ce mouvement magnifique des masses aurait pu conduire à une authentique révolution.

Si les dirigeants du PRD avaient appelé à la grève générale, à la mise en place de comités démocratiquement élus de travailleurs, de paysans, de chômeurs, de femmes et de jeunes, la voie aurait été libre pour transférer le pouvoir aux travailleurs et aux paysans. Mais cela n'a pas été fait. L'énergie des masses s'est progressivement dissipée, comme de la vapeur dans l'atmosphère, et l'occasion a été perdue.

Cependant, ce n'est pas la fin de l'histoire. Le gouvernement Calderon ne peut pas faire ce que la bourgeoisie a fait par le passé. La crise du capitalisme signifie qu'il n'y a pas de marge de manœuvre. La classe dirigeante est obligée de s'attaquer aux conditions de vie et aux droits des Mexicains. C'est la raison de l'attaque brutale contre le syndicat des électriciens. Mais les travailleurs mexicains ne resteront pas les bras croisés pendant que les banquiers et les capitalistes détruisent toutes les conquêtes sociales du passé.

Une nouvelle Révolution Mexicaine, une révolution socialiste se prépare. Elle aura un impact des milliers de fois plus importantes que la première Révolution Mexicaine. Elle enverra des ondes de choc à travers toute l'Amérique Centrale et l'Amérique du Sud, provoquant partout des soulèvements révolutionnaires. Et les effets d'une révolution ouvrière au Mexique ne s'arrêteront pas au Rio Grande.

Il y a longtemps, Porfirio Diaz prononça la phrase célèbre : « Pauvre Mexique, si loin de Dieu et si près des Etats-Unis. » Mais la dialectique impitoyable de l'Histoire a renversé cette relation. L'impérialisme américain, qui a longtemps exploité et opprimé le Mexique et le reste de l'Amérique latine, vit désormais dans la peur de la vague révolutionnaire qui secoue le continent. L'Etat le plus puissant au monde peut élever des barrières pour empêcher l'entrée d'êtres humains sur son territoire, mais il ne pourra pas empêcher la pénétration d'idées révolutionnaires.

La crise globale du capitalisme frappe durement les Etats-Unis. Pour des millions de gens, le rêve américain est devenu un cauchemar. Les politiciens de Washington conspirent en permanence contre le gouvernement d'Hugo Chavez, parce qu'ils comprennent que la révolution vénézuélienne est un point de référence pour les pauvres de toute l'Amérique latine. Ils ont conspiré contre Lopez Obrador, lors des élections de 2006, car ils avaient peur de se retrouver avec un deuxième Chavez – et cette fois-ci juste à leur frontière. Les craintes de l'impérialisme américain sont tout à fait fondées.

Marcelo Ebrard
Une enfance et une formation françaises

Bien que Marcelo Ebrard soit né le 10 octobre 1959 au Mexique, sa famille est d'origine française. Son arrière-grand-père maternel, Fabian Casaubon, est né à Navarrenx, mais émigra au Mexique où il fonda une entreprise de lingerie française qui existe toujours. Quant à son grand-père paternel, il est originaire de Barcelonnette. Avec une telle ascendance, inutile de dire que l'enfance de Marcelo Ebrard a été fortement bercée par la langue et la culture françaises. A la maison, par exemple, tous les membres de la famille Ebrard s'expriment dans la langue de Molière. C'est aussi à cette période que la passion de l'actuel édile du Distrito Federal pour l'histoire politique et géopolitique de la France nait. Son frère se souvient: "A l'âge de huit ans, il essayait déjà de comprendre les tenants et les aboutissants de la bataille de Waterloo en la reconstituant avec des soldats de plomb. Le professeur d'histoire de Marcelo a même convoqué mes parents, un jour, parce que mon frère le corrigeait tout le temps durant ses cours !". Jeune adulte, Marcelo Ebrard ne perdra pas de vue cette passion: s'il fait une partie de ses études au Mexique où il étudie les relations internationales, il vit aussi quelque temps en France pour suivre une formation à l'École Nationale d'Administration.

Les premiers pas politiques

Marcelo Ebrard débute sa carrière politique en adhérant, en 1978, au Parti Révolutionnaire Institutionnel, au pouvoir depuis la révolution mexicaine de 1911. Il y occupe plusieurs fonctions importantes avant de claquer la porte vingt ans plus tard pour fonder son propre parti politique. En 2000, il songe à concourir au poste de chef du gouvernement du Distrito Federal mais juge finalement que les conditions d'une victoire ne sont pas réunies. Il préfère soutenir Andrés Manuel López Obrador, le candidat du Parti de la Révolution Démocratique, un autre parti de gauche. Ce dernier remporte l'élection et nomme Ebrard dans son gouvernement, au poste de ministre de la sécurité publique. Fort de cette expérience, il est élu, six ans plus tard, chef du gouvernement de la capitale alors qu'il se présentait sous l'étiquette du P.R.D, le parti qu'il a rejoint depuis peu.

Le meilleur maire du monde

Dès sa prise de fonction, Marcelo Ebrard s'intéresse aux questions sociales et sociétales. Sous son impulsion, son administration légalise, par exemple, l'avortement et autorise le mariage homosexuel. Il se penche aussi sur les problèmes environnementaux en cherchant, entre autres, à développer des transports publics et propres: plusieurs lignes de Métrobus sont créées alors que la construction d'une nouvelle ligne de métro est décidée. A la fin de l'année 2010, les efforts de Marcelo Ebrard pour améliorer les conditions de vie de ses concitoyens sont récompensés. Il reçoit le prix de meilleur maire du monde de la part de la fondation City Mayor qui justifie ainsi son choix: "C'est un réformiste libéral et pragmatique qui n'a pas peur de défier l'orthodoxie mexicaine. Il a défendu les droits des femmes et des minorités et est devenu un défenseur des sujets environnementaux mondialement reconnu".

La présidentielle de 2012

Depuis longtemps déjà, les ambitions présidentielles de Marcelo Ebrard sont évidentes. Mais la compétition électorale de 2012 est loin d'être gagnée d'avance pour l'actuel maire du Distrito Federal. S'il veut y représenter la gauche, il doit d'abord écarter son rival du P.R.D. qui n'est autre que López Obrador, son prédécesseur à la mairie de Mexico. Les modalités de désignation du candidat du parti et de la gauche dans son ensemble, qui devrait intervenir en novembre 2011, font actuellement l'objet d'intenses tractations.

A l'heure où j'écris ce livre c'est AMLO qui est désigné pour représenter la gauche mexicaine.

Chronologie de l'histoire révolutionnaire mexicaine

Le début du **XIXᵉ siècle** marque un tournant dans l'histoire mexicaine. Il y eut d'abord trois tentatives inutiles d'indépendance :

1810 - sous Hidalgo,

1815 - sous Morelos,

1816 - sous Mina,

1821 - Augustin Iturbide, général de l'armée royale, passa aux insurgés, battit le vice-roi Apodaca, s'empara de Mexico et se fit proclamer empereur en **1822**, sous le nom d'Augustin Iᵉʳ, mais il fut renversé dès l'année suivante, et le Mexique se constitua en république fédérative.

1829 - La victoire de Tampico gagnée sur les troupes de Ferdinand VII, assura son indépendance. Mais depuis cette époque, le pays n'a plus cessé d'être déchiré par des dissensions intestines.

Une foule d'ambitieux se sont succédé à la présidence, se renversant ou s'égorgeant les uns les autres :
- Vittoria (**1824**),
- Pedrazza et Guerrero (**1828**),
- Bustamente (**1829** et **1836**),
- Santa-Anna (**1832**),
- Parèdes (**1841** et **1846**),
- Santa-Anna de nouveau (1843, **1847** et **1853**). Ce dernier avait réussi un moment à restaurer l'autorité; mais il fut renversé de nouveau en **1855**, et depuis le pays est resté livré à la plus déplorable anarchie : plusieurs partis, les fédéralistes et les unitaires, le parti clérical et le parti libéral, s'y disputaient le pouvoir avec acharnement. Aux maux de la guerre civile sont encore venus se joindre ceux de la guerre extérieure :

- **1838**, les mauvaises relations avec la France conduisirent au bombardement de St-Jean d'Ulloa et de la Vera-Cruz;

- **1846**, la sécession du Texas, qui s'annexa aux États-Unis, amena une guerre avec cette puissance, à la suite de laquelle le Mexique, partout vaincu, fut forcé de signer à Guadalupe un traité qui lui enlevait le territoire à l'Est du Rio-del-Norte, le Nouveau- Mexique et la Nouvelle-Californie (2 février **1848**).

- **1861**, sous la présidence de Juarez, le Mexique suspend le règlement de sa dette extérieure, et les Européens (la France, l'Angleterre et l'Espagne), encouragés par les conservateurs malmenés par le régime libéral de Juarez, se décident à intervenir militairement. L'affaire se règlera rapidement avec l'Espagne et l'Angleterre, qui se retireront début **1862**. Mais la France décida de rester encore un peu

De Maximilien à la révolution

- **1864** Napoléon III, afficha ouvertement ses ambitions sur le Mexique. Il souhaitait y fonder au un empire latin, catholique, qui pourrait contrebalancer l'influence des États-Unis. Il désigna Maximilien d'Autriche empereur, qui prit possession du trône. La guerre avec les Mexicains avait déjà commencé, elle allait encore durer trois ans. Mais les Francais, détournés des affaires mexicaines par la menace prussienne (Bismarck) se retirèrent du pays et abandonnèrent Maximilien, qui finalement est vaincu et fusillé par Benito Juarez.

- **1867**. La république fut rétablie

Le Mexique se relève relativement bien de tous ces événements.

- **1876**, quatre ans après la mort de Juarez, une autre figure de premier plan accède au pouvoir, Porfirio Diaz. Il sera président jusqu'en **1880**, puis de nouveau entre **1884** et **1911**. Sous sa dictature, déguisée en démocratie moderniste, le pays connaît une certaine propérité. Mais la chape de plomb qui pèse sur lui finit par provoquer l'insurrection, à partir de **1910**.

-**1910 – 1923** Inspirée par Francisco Madero, et conduite par hommes tels que Pancho Villa, Emiliano Zapata ou Alvaro Obregon, cette révolution chasse Porfirio Diaz du pouvoir. Mais les rivalités qui opposent les vainqueurs entretiennent une période de trouble qui durera au moins jusqu'en **1923**. La vie politique du Mexique sera largement dépositaire de l'héritage de cette révolution.

- **1929** et **1997** Le parti au pouvoir, le PRI (Parti révolutionnaire institutionnel), et la guérilla des zapatiste, qui a agité le Chiapas à la fin des années **1990** s'en réclameront cet héritage.

Dernière partie
La cucaracha

Histoire de la chanson « la cucaracha »

Cette chanson à succès mexicaine a été surement écrite avant le départ de Victoriano Huerta (août 1914) ou alors peut être durant la présidence d'Eulalio Gutiérrez ou bien encore après la victoire militaire de Carranza sur Pancho Villa. Aller savoir...

La version mexicaine ne nomme à aucun moment Victoriano Huerta par son nom mais uniquement par son surnom "la cucaracha", surnom dû au fait qu'il portait des lunettes noires à cause d'une maladie des yeux contractée lors d'une campagne militaire, à sa façon de marcher parfois hésitante attribuée à sa dipsomanie, le fait qu'il était aussi toxicomane et il portait, lorsqu'il n'était pas en uniforme taché de graisse et de vin, une redingote qui accentuait encore sa ressemblance avec cet insecte, le cafard.

Vénustiano Carranza y est par contre cité par son nom (voir les paroles en fin d'article).

Dans certains de ses couplets, les paroles prennent à partie personnellement Venustiano Carranza, adversaire de Doroteo Arango Arámbula alias Francisco Villa durant la guerre civile, opposant les révolutionnaires pour le pouvoir.

Paradoxalement, cette chanson fut chantée aussi en Espagne

Les premières apparitions de la musique de La Cucaracha, selon l'espagnol Francisco Rodríguez Marín, qu'il a écrit dans son livre de 1883, les strophes étaient différentes. Il pense que l'apparition de de cette chanson fut du temps de la guerre contre les maures d'Espagne, soit avant 1492.

"De las patillas de un moro
Tengo que hacer una escoba
Para que barra el cuartel
De la infantería española"

Elle fut aussi chantée en Espagne entre 1871 et 1873 pendant la seconde des guerres carlistes, et là aussi quelques paroles furent changées.

"Del pellejo de Amadeo (Amédée 1er d'Espagne)
Tengo que hacer una bota
Para que Don Carlos lleve
El vino para su tropa"

Un capitaine de la marine espagnol fait connaitre la chanson

Au Mexique, l'écrivain Joaquin Fernández de Lizardi (1776-1827), mentionne cette chanson dans son livre, « La Quijotita y su prima » en 1818, il y dit aussi que c'est un capitaine de marine espagnol qui fit connaitre cette chanson au mexicains...Et moi qui croyait que cette chanson était purement mexicaine…

VOICI LES PAROLES :

"Un capitán de marina
Que vino en una fragata
Entre varios sonesitos
Trajo el de la cucaracha"

Puis arrive le second empire qui reprend la chanson

Au temps du second Empire mexicain qui ne l'oublions pas est soutenu par la France et ses troupes, les armées républicaines de Benito Juárez et les guérilleros sous les ordres de Porfirio Diaz en lutte contre l'empereur Maximilien la chantèrent aussi :

"Con las barbas de Forey (Élie Frédéric Forey)
Voy hacer un vaquerito
Pa'ponérselo al caballo
Del valiente don Porfirio (Porfirio Díaz)"

Ou la chanson s'adapte à la révolution

Après le 22 février 1913 date de l'assassinat du vice-président don Pino Suárez et du président don Francisco I. Madero, les paroles de la cucaracha furent changées pour s'adapter aux événements, c'est à partir de cette date que les partisans de Madero commencent à brocarder le général Victoriano Huerta en le comparant à un cafard. Les cafards au Mexique sont énormes et quand ils volent, ont diraient des bombardiers:

EN ESPAGNOL :
"Ah y tengo que agregar que a mi
Me llaman Victoriana Huerta
Porque soy cucaracha.

EN FRANÇAIS :
Ah, et je dois ajouter que moi
On me nomme Victoriana Huerta
Parce que je suis un(e) cafard.

ESPAGNOL :
Uso el nombre que con orgullo
Porqué me lo puso mi general Francisco Villa"

EN FRANÇAIS :
J'use de ce nom avec fierté
Parce c'est mon général Francisco Villa qui me l'a donné.

ESPAGNOL :
Porque mi nombre verdadero
Es Victoriana Blatteria (sic) Periplaneta Americana

EN FRANÇAIS:
Parce que mon vrai nom
Est Victoriana Blatteria Periplaneta Americana
Y para ustedes que son mis amigos soy la Cucaracha.
Et pour vous qui êtes mes amis je suis la Cucaracha.

Plusieurs versions virent le jour suivant les circonstances de la révolution mexicaine. Il y eu la version des troupes villistes en conflit avec Venustiano Carranza entre autres qui ajoutèrent :
"Con las barbas de Carranza
Voy hacerme una toquilla
Pa'ponérsela al sombrero
De su padre Pancho Villa"

Quand le général Emiliano Zapata entra à son tour en conflit avec Carranza on y ajouta :
"De las barbas de Carranza
voy hacerme un calabrote
para amarrar el caballo
de mi général Coyote"

Allusion au général Nabor Mendoza partisan de Zapata.

Voilà l'histoire de la chanson avec ses moultes changements !

Il n'y a pas de paroles vraiment officielles mais une version plus ou moins classique. Chaque camp ou parti y ajouta ses propres paroles selon son idéologie, son humeur ou par rapport aux vicissitudes du moment... La cucaracha n'est pas non plus un chant révolutionnaire ni militant, mais un chant qui fut aussi chanté pendant la guerre civile mexicaine qui suivit la révolution contre Porfirio Díaz... ce n'est pas non plus une chanson folklorique, mais comme elle est connue à l'étranger on la chantait aux touristes... Les paroles connues actuellement sont une version très édulcorée de ce qui se chantait à l'époque...

Cette version est celle des villistes (partisans de Francisco Villa) en lutte contre d'autres révolutionnaires, les carrancistes (partisans de Carranza). Elle est donc postérieure au 10 octobre 1914.

REFRAIN : ESPAGNOL
La cucaracha, la cucaracha,
Ya no puede caminar,
Porque no tiene, porque le falta
Marihuana que fumar

REFRAIN : FRANÇAIS
Le cafard, le cafard,
Il ne peut plus marcher,
Parce qu'il n'a pas, parce qu'il lui manque
De la marihuana à fumer

ESPAGNOL :
Ya se van los Carrancistas,
Ya se van para Perote,
Y no pueden caminar,
Por causa de sus bigotes.

FRANÇAIS :
Voici que les Carrancistes s'en vont
Ils s'en vont enfin à Perote
Et ils ne peuvent pas marcher
À cause de leurs moustaches

(REFRAIN) ESPAGNOL
Con las barbas de Carranza
Voy (a) hacer una toquilla
Para ponérse al sombrero
Del señor Francisco Villa

(REFRAIN) FRANÇAIS
Avec les barbes de Carranza
Je vais faire une cordelière
Que je mettrai au chapeau
De monsieur Francisco Villa (connu comme Pancho Villa)
Sous le soleil du Mexique
On se bat mais en musique
Et chacun écrit l'histoire
Au rythme de sa guitare.
C'est dans la paix du dimanche
Que l'amour prend sa revanche
Et, dans le village en fête,
On n'a plus qu'un air en tête.

REFRAIN:
La cucaracha, la cucaracha
C'est la danse de l'amour.
La cucaracha, la cucaracha,
Aimons et chantons toujours.
La cucaracha, la cucaracha
On la danse jour et nuit,
La cucaracha, la cucaracha,

Nous emmène au paradis.
Chacun entre dans la danse
Et s'en va tenter sa chance ;
Mille jupons tourbillonnent
Et plus d'un baiser se donne.
On oublie le temps qui passe
C'est l'amour qui nous enlace,
Séduisant à sa manière
Les cœurs de la terre entière.

Table des matières

www.ingramcontent.com/pod-product-compliance
Lightning Source LLC
Chambersburg PA
CBHW071437090426
42737CB00011B/1686